珍本大六壬丛刊

六壬辨疑 畢法案錄

[清]张官德【撰】
郑同【校】

圣人开物成务，利用前民。其忧大，其旨远，而其取义也精，非肤学者所敢窥其闻奥。惟六壬一道，托干支以阐人事，先贤之持赠与后学之推求，良甚便也。

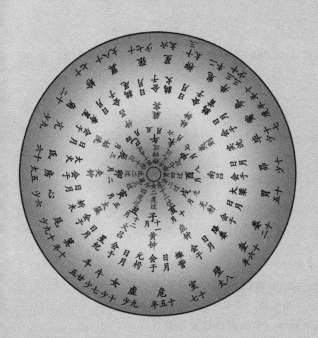

华龄出版社

责任编辑：薛　治　张伟晶
责任印制：李未圻

图书在版编目（CIP）数据

六壬辨疑·毕法案录/（清）张官德撰；郑同校.—北京：华龄出版社，
2013.1

ISBN 978-7-5169-0258-5

Ⅰ.①六…　　Ⅱ.①张…　　②郑…　　Ⅲ.①占卜—中国—清代　Ⅳ.B992.2

中国版本图书馆 CIP 数据核字（2012）第 290830 号

书　　名：	六壬辨疑·毕法案录			
作　　者：	（清）张官德撰　郑同校			
出版发行	华龄出版社			
印　　刷：	九洲财鑫印刷有限公司			
版　　次：	2013 年 1 月第 1 版　2019 年 5 月第 4 次印刷			
开　　本：	787×1092　1/16		印　张：	15
字　　数：	230 千字		印　数：	15001～21000 册
定　　价：	32.00 元			

地　址：	北京市东城区安定门外大街甲 57 号	邮　编：	100011
电　话：	（010）84044445	传　真：	84039173

六壬辨疑目录

2

目 录

毕法案录目录

目
录

目
录

六壬辨疑

［清］张官德【撰】

郑同【校】

序

　　数学有六壬，盖即《易》之支流焉。谓与遁甲、太乙出黄帝、元女者，固谬。或又谓著于汉代，然予考《汉书·艺文志》，惟载《泰一》、《阴阳》、《风鼓》、《六甲》、《风后》、《孤虚》诸卷，无壬籍。至唐《五行志》，始载有《六壬杂占》九卷，其《六典》曰："六壬局以枫木为天，枣心为地。"自是，《宋志》载有三十家，则壬学似著于唐宋。然又尝考之，《国语》有"伶州鸠对七律"、《越绝书》有公孙圣"壬午时加南方"之言，《吴越春秋》有伍员、范蠡"日出、日昳、鸡鸣、禺中"四课，其加乘龙蛇刑德，一如今世。是其来甚远，固非三代下方伎所能造，而为兵家所藉重也，谅矣。

　　盖尝窃维经世大务莫如兵，兵所重莫如借箸运筹。近世士大夫伏处贴括，是唔通显，疲于临池染翰、击钵搜工者则贤者也，不肖者湛耽①雅菣②六博③而营营私橐；④ 心性⑤嘻为宋学，谶讳、星历又援宋陋汉。夫古者大司徒六艺立教，而数居一。河之图、洛之书，数之祖也。图主常，故其数极于十以为体。书主变，故其数极于九以肇用。由是数学则之，有天地盘之用，有三传四课之发动，有三奇六仪、八门九星之加临，有八将三基、五福十精之经纬。盖上世所以成变化、行鬼神而利物、前民用者，莫大于是，今皆懵焉。何怪以跳梁小丑，牵天下之兵，失机昧会，致六七年不克谶殄也。乃叹埽数⑥专言理之失于偏，而吾儒经术功用之狭，未必不由于是。

　　吾友张君次功，楚北名孝廉也，尝从袁金溪先生游，九经皆有心授，尤

---

　　① 湛，耽，乐之久也。

　　② 雅菣：即鸦片。

　　③ 六博：又作陆博，是中国古代一种掷采行棋的博戏类游戏，因使用六根博箸所以称为六博，以吃子为胜。其中的古玩法大博，由于是与象棋一样要杀掉特定棋子为获胜，是很早期的兵种棋戏，被推论象棋类游戏可能从大博演变而来。

　　④ 私橐：私人的钱袋。亦借指私人的钱财。

　　⑤ 心性：中国古典哲学范畴，指"心"和"性"。战国时孟子有"尽心知性"之说。其后佛教各宗盛谈心性，禅宗认为心即是性，倡明心见性，顿悟成佛。宋儒亦喜谈心性，但各家解说亦不一。程颐、朱熹等以为"性"即"天理"，"心者，人之神明，所以具众理而应万事者也"。故"心"、"性"有别。陆九渊则主张"心即理也"，认为"心"、"性"无别。后人亦以"心性之学"称宋明理学。

　　⑥ 埽数：全部，全数。

拳拳于宋五子书，尝言"读西铭万遍，所注西铭，实能自出手眼"，顾①精于六壬之学。当江岷樵抚军桌楚时，曾以重礼聘至幕，倚为左右手。后晋迁庐州时，固邀偕去，次功坚以亲老辞，客葛。予始于郡城晤次功，一见倾盖如故。葛秒，又移居蜗陬，数数从游，因以壬学叩，则曰："昔人有言，'精数不若明理'。惜夫一部四子书，吾辈第持为弋荣具。某身经乱离，然后知圣言奇中，有不待蓍蔡而灵于鬼神、捷于卜占者。吾道诚自足也，何数为？"然则次功岂方术流哉？其学盖合宋之纯、汉之博，欲一资当世者。惜自岷樵戎节后，无以礼罗者。及予再三恳，乃出《六壬辨疑》、《毕法案录》二书，则手录其平日课占、案验也。

当武昌再陷，次功以壬课先知，遂跳身走袁州，卖卜廛市。及贼至其乡，命心腹卒持重金访聘，而鸿飞冥冥，缯弋安施？衔芦举色，触机冷然。当是时，其乡登甲乙科者多被摧辱奴隶，唯次功免。遂谓其不赴庐州，亦必有先知之者。然次功固非吝于忠者也，盖其时尊人已八十余矣；且其避迹于四方，频频致书嘱家人毋蓄发、毋书顺，以负我朝二百余年养士之恩。

然则是书盖次功之粗焉者，其精盖有不唯直探徐道符《心镜》、蒋日新《开云观月歌》、凌福之《毕法赋》者矣。《易》曰"知进退存亡而不失其正"，又曰"极数知来谓占"，次功殆由壬学而窥大易之旨乎？善夫！宁人顾先生曰："占事知来之术，惟正人可以学。"获是书者，尚其志焉。

时咸丰七年丁巳中秋日
安阳缄三弟吴敦品沐手识于屏蕉书屋之东轩

---

① 顾：连词，反而。

自序

夫《易》为卜筮作也。圣人开物成务，利用前民。其忧大，其旨远，而其取义也精，非肤学者所敢窥其阃奥。且筮短龟长，其用有小大之别，避处一庐，寻常细故，何敢妄渎圣经？惟六壬一道，托干支以阐人事，先贤之持赠，与后学之推求，良甚便也。德幸生盛时，不能穷经致用以仰副作人之至意，区区留心小道，愧滋甚矣。夫小道亦非易易，虽推衍数十年，而幼学铅椠，长食砚田，不能专攻其业，即袜线之长，未敢自擅。所幸读《易》之时，偶有一知半解，袭其支流，以例之壬课，而辨其疑。间尝试之，幸而获中，不过蠡测之私云尔。今承观察张仲远老夫子不弃刍荛，屡赐清问，并属录稿就正。德不敢违，用是缮写敬呈，其僭妄之罪，尚祈海内诸君子恕之。

咸丰元年仲夏既望日寿昌次功氏张官德记

	成神	会神	天财	天马	月厌	风伯	风煞	血支	信诏	天医	地医	天医	死神	生气	死气	月德	天德
正	巳	未	辰	午	戌	申	寅	丑	酉	亥	戌	辰	巳	子	午	丙	丁
二	申	戌	午	申	酉	未	丑	寅	戌	子	亥	巳	午	丑	未	甲	坤
三	亥	寅	申	戌	申	午	子	卯	亥	丑	子	午	未	寅	申	壬	壬
四	寅	亥	戌	子	未	巳	亥	辰	子	寅	丑	未	申	卯	酉	庚	辛
五	巳	酉	子	寅	午	辰	戌	巳	丑	卯	寅	申	酉	辰	戌	丙	乾
六	申	子	寅	辰	巳	卯	酉	午	寅	辰	卯	酉	戌	巳	亥	甲	甲
七	亥	丑	辰	午	辰	寅	申	未	卯	巳	辰	戌	亥	午	子	壬	癸
八	寅	午	午	申	卯	丑	未	申	辰	午	巳	亥	子	未	丑	庚	艮
九	巳	巳	申	戌	寅	子	午	酉	巳	未	午	子	丑	申	寅	丙	丙
十	申	卯	戌	子	丑	亥	巳	戌	午	申	未	丑	寅	酉	卯	甲	乙
十一	亥	申	子	寅	子	戌	辰	亥	未	酉	申	寅	卯	戌	辰	壬	巽
十二	寅	辰	寅	辰	亥	酉	卯	子	申	戌	酉	卯	辰	亥	巳	庚	庚

六壬辨疑卷一

凡例

一、占事之法，占验之门，前辈皆分类指明，先宜究心。兹取《大全》六十四课，逐条缀以占验，随事注载，不便再分胎产、功名等类。

一、课名多有兼取，须以课象最著及所占最切者为主，其余只可参看。

一、卦主既得，大象判然，《易》所谓"观其象辞，思过半矣"。再看类神上下阴阳，此占事之主，尤宜细玩。若卦主爻主不明，则参形杂势，谁适之从，此壬课第一义也。

一、卦象爻象，与所占最紧切者，皆入《正议》。

一、课象所蕴，可以参观，或非正占，可以兼断，皆入《参议》。

一、《案验》详述事后情形，以证课体。有前断已准者，有前断未准者，皆入《案验》。以见课无不准，但见有不逮耳。

一、课外余论，或比例，载之《附议》。其援引成语，则归《附录》。

一、占必焚香，其祷祝时，目中如见先师，方能收敛心神，以赞于神明。尝遇友朋谈笑，偶尔强占，不得已而漫应，万无一准。

一、百人应试，中者难逢一二，好课必少。而来占者无不欲好，言不吉则生嫌，强言吉则近谀。且不吉者不得因卜而罢考，必中者亦必揭晓而后明，何卜之有？夫公则生明，龟筮无私，所以前知。德每自占不准，非神不告也，私意在胸，先为之曲解耳。

一、《易》为君子谋，一切邪谋，万不可占。即正人来占，而事关幽暗，及有伤物命，亦不可明说。或事非紧要，不可屡渎。

一、是编起例，悉本《大全》、《指南》。所辑要语，不敢妄参臆断，惟前辈言各有当，未便合参；兹特于取用处合集众说，以释其疑耳。

一、六十四课，前释名义，后列占象，尊录《大全》原本，不过删繁就简，以便览记耳，其辞义未敢杜撰。

一、课名体格犹船也，时令神煞犹风也。船有美恶，仍看风之顺逆为利钝。是编谨择其切用者，为《神煞纪要》，载之首卷。

一、六十四课，只取大象，以纲维诸课之体格，不必牵合卦辞，以成武断。

一、来占者必注其官篆姓名，以为案验张本。或素不相识，只注其姓氏。课体有干阴私，并不注姓氏，以存忠厚之道。

一、大凶之象，有命自天，占时徒为扼腕。若进退可否，性情刚柔，有人力可回者，间效愚忠，聊寓劝惩，亦工执艺事以谏之意。但文字鄙俚，不免贻笑方家耳。

总论

《周易》论卦主，有成卦之主，有主卦之主。成卦之主，则卦之所由成者，无论高下美恶，但卦义因之而起，皆得为卦主。主卦之主，必其德之善而兼时位者。又有成卦之主，即为主卦之主，则卦之所由成，而又兼德与时位者也。成卦之主，如**夬**以一阴极于上为主，**姤**以一阴生于下为主，**临**取刚浸而长，**观**取大观在上，是以二阳为成卦之主也。主卦之主，如**否**之九五，变**否**为**泰**，是有德有位而能救时者。成卦之主，即为主卦之主，如**泰**之九二，能尽臣道以上交，六五能尽君道以下交，二爻为成卦之主，亦皆主卦之主也。

《周易》之论卦主如是，即壬课亦何独不然？如斫轮、铸印、斩关、虎视，以一字为成卦之主，绝嗣、无禄、长幼度厄，以四课为成卦之主，润下、炎上、进退联茹，以三传为成卦之主是也。又如青龙得水，雀为文德，贵作官星，是为主卦之主。若成卦之主，即为主卦之主，如龙德、时泰、三阳、三光、富贵等课是也。得其主则线索在手。所谓"观其象辞，思过半矣"。

王弼曰："象者，统论一卦之体，明其所由之主，故六爻相错，可举一以明也。约以存博，简以御众，其惟象乎？"又曰："爻者，言乎其变也。情伪相感，远近相取，爱恶相攻，屈伸相推，非天下之至变，其孰能与此哉！"是故卦以存时，爻以示变。如壬课有以大象断者，即《易》之象辞也。有以一字断者，即《易》之爻辞也。

王弼曰："言生于象，故可寻言以观象。象生于意，故可寻象以观意。得意者忘象，得象者忘言。"习课不习辞，固无以入其门。然先正之辞，皆所以明象，玩其辞，不可不知其象；而象生于意，得其象，又不可不知神之意。盖神不能言，借象以传之，是在观象者之善会其意耳。

壬课头绪甚多，最易混目，惟仿易学，寻其卦主以论之，则探骊得珠，自可执简御繁。近来管见如是，愿高明共酌之。

附：心易说

邵子论卜贵心易。心易者，变化从心也。古人虽有格局体例以启后学，然事有万变，言不尽意，神而明之则存乎其人，徒泥古方，无当也。如邵子占得**革**卦，言"今夜园中有女子折花跌足"，若明日复有此卦，亦如此断乎？自粤匪犯楚，引避各处，每见反吟、天网、刑伤、冲破等课，又有游都、贼符、劫煞并勾、元、蛇、虎克干支诸象，便知有寇。因此转徙三千余里，所过之处，无不遭伤。若在无事时，虽见诸课象，亦可如此断乎？又如铸印课，非仕途人，何有印？杨振声占家宅，断以烧陶为业，亦触类旁通之法也。且不徒占课如此，即《礼记》载"孔子梦奠两楹"，原吉兆，然世莫予宗，反以凶断。《左传》南蒯得"黄裳元吉"，惠伯以为"无此德，不能当此爻"，可知占必因时、因人以为消息也。

数从乎理说

凡物之生，有理而后气形焉，有气而后数限焉，是理为气数之根底也。论理不论数，则无以穷其变。论数不论理，则无以定其宗。邵子《观梅易数》有云，"如饮食得震，震为龙，龙可得而取乎？当以鲤鱼代之。天时得震，则震为雷，冬占亦可言雷乎？当以风撼雷动之类。夜占叩门声，不断借锄而断借斧，盖夜间安用锄，惟斧切于劈柴之用耳。占西林寺额，得山地剥，体用互变俱比和而反不吉，盖寺者纯阳人居之地，而爻象纯阴，则群阴剥阳之义显然也。"推之六壬，一课之中，或吉凶中半，或吉多凶少，或凶多吉少，令人无所适从，总有理胜处决之。

刻应说

占断莫神于刻应，亦莫难于刻应。前辈论六壬，以发用在年月日时断刻应。占病看虎鬼临处，占行人看发用墓绝，兼看末传三六合。占数目，休从本数，旺从乘数，相人倍数，死囚从减数。此皆学者所当知也。然而有不尽准者，非法不善也，亦泥而不化耳。如占砚逢太岁发用，可以岁计，占笔墨亦可以岁计乎？占坟宅可以岁计，占花草亦可以岁计乎？如人寿不满百，得寅辰旺相相乘，可许三百五十岁乎？如师旅动以千计，得休囚神将可断五七人乎？此等处，全在因时因事，细参课象，以讨其消息耳。

论行年

课传所同也，年命所独也。故有课传凶而年命得救者，可以转祸为祥；有神将吉而年命刑冲者，反令喜处生忧。往往同拈一时，而占断各异，此因年命为变通也。夫占身视乎命，占运视乎年，命本于所生，而年何自昉？盖天开于子，地辟于丑，而人生于寅，故男年一岁起丙寅，顺行而安；女年取阴阳对待之义，一岁起壬申逆行。此易知简能之理，振古如斯。乃后有变其说者，以男女所生各甲之丙壬起行年，殊属无谓。抑有附会《易经》，而以包字论行年者，其说似精而实凿，皆不可宗。

占例

事有当卜者，两可之见是也。有不待卜者，一定之分是也。有动静判然，而卜有定象者，如"潜龙"、"亢龙"之类是也。有进退无常，而卜有疑辞者，如"或跃在渊"之类是也。又有以凶为吉者，如"大人之否亨"、"大过之凶，无咎"是也。凡此皆观象玩辞之要义也。

条辨

问：壬课占断多门，非若专以官鬼子孙为用者，各有把鼻也。甚至一课诸格并见，吉凶混淆，占者已不胜狐疑，更何以决人之疑？

曰：向占每坐此病，近玩系辞"方以类聚，物以群分"二语，颇有会心。盖吉凶各从其类。如家有喜庆事，不止一人欢欣，必有亲朋跻堂称贺；亦不止一身吉服，必有鼓乐喧嗔，彩烛辉煌。虽行路见之，皆不问而知为喜事。又如谳狱一般，斗杀必有器具邻证，户婚必有媒保书券，不徒决于两造控辞也。夫壬课惟其占断多门，而后可以穷极事变，曲达物情。故四课、三传、正时、年命，俱当参看，以辨其类。如占家宅，遇元胎课，未便决其有孕；再看胎财上课否，有生气否，或带天喜、血支等煞否，有三两处见喜兆，方可决其有孕。余占准此。

问：方以类聚固是。然或干支吉而三传不吉，或三传吉而年命不吉，将何以决之？

曰：吉凶相倚，未始相离。泰卦不无凶爻，否卦亦有吉爻。天地间因喜致忧、因祸致福者，比比皆然也。占者须辨别出喜中忧、忧中喜来。如占功名，贵朱得地，又逢虎鬼乘旺，往往断吉不是，断凶又不是。须知吉凶互见，各从其类，自有并行不悖之道。如得功名后，或丁忧，或自夭，此吉处藏凶也。又如文王囚羑里，却为西伯侯，此凶处藏吉也。

问：方以类聚，是吉多从吉、凶多从凶否？

曰：吉凶类聚，此已著者也。吉凶微兆，此难辨者也。吉多固从吉，若"合中犯煞蜜中砒"，吉多凶少，却以凶断。凶多固从凶，若"众鬼全彰全不畏"，凶多吉少，却以吉断。

问：课或以局断，或以象断，或以类神断，或以贵神断，或以天将断，纷纷不一，果以何者为准乎？

曰：易有卦体、卦象、卦德、卦爻、卦名，其所占亦不一。象传及大、小象所释卦之辞，或举其全，或从其一，或参其半，各以亲切而著明者取之。即如"雷以动之"，言其象，兼言其德；若"乾以君之"、"坤以藏之"，言其名，兼言其体，亦各有所宜耳。

问：十二神将所属甚多，果知为何物耶？

曰：看所占者何事、何人、何时，则知为何物矣。如同一青龙，占天时则为行雨之神，占功名则为吉神，占病则为煞神。又看其所乘何将、所加何方，乘水则为舟为鱼，乘陆则为车为庙。又看衰旺何如，虎乘驿马旺相则主道路，乘囚死则为病丧，乘官鬼则为讼，亦随时变通耳。

问：课得吉象，知为何吉？课得凶象，知为何凶？

曰：青龙旺相，又得财爻，知有进财之喜。若会太常，知有婚姻之喜。合贵神，知有功名之喜。凶可类推。

问：神煞轮转，以月数为交卸，抑以节气为交卸乎？

曰：交卸若不论节气，则闰月无神煞矣。盖月数如官之分发某处，节气如官之上任交印。若当巳时接印，则辰时尚属无权；巳时卸事，则午时已属局外，顷刻不可差了。或以月将之过宫论神煞，则又失之太远矣。夫月将者，太阳之所躔也；神煞者，节气之所司也。如火生于寅，不得谓雨水能生而立春不能生也。若亥为月将，特到雨水方躔此度耳。

问：壬课重贵神，但视贵神之吉凶可也？

曰：贵神之吉凶，亦当分别看。如贵德固吉，占病则凶；虎鬼固凶，占官则速，尤当视天将上下盘衰旺生克何如。

问：衰旺以时为断，抑以地为断乎？

曰：时旺如舟遇顺风，地旺如舟行顺水。比旺如远行多伴，不畏欺凌；合旺如妻从夫荣，不畏强暴。四者皆可参看，而时地则尤重焉。如风水俱顺，舟行如飞；风顺水逆，风力胜仍以顺断，风力微则以逆断。若青龙乘寅卯，春占是得天旺，加亥子寅卯是得地旺。天地俱旺，全吉。若乘寅卯加申酉又逢刑冲，虽春占得时，如鱼失水，逢春不跃。若青龙阴神得亥子，则能泄申酉之克，而助寅卯之旺。地虽逆而风力胜，一日可行数百里。

问："神将"二字，有以贵神为神者，有以天将为神者，果宗何说？

曰："将"字从月将而名，"神"字从贵人而起，似以天盘为将，贵人为神者近是。盖将取将帅之义，所以统众煞也。神取神明之义，所以运用不测也。吉凶所主在神，而衰旺则视乎将。神虽尊而将则有权，故吉凶之虚实，尤当取决于天将。

问：乘与临何别？

曰：贵神所遇之天将为乘，所加之地盘为临。乘则视天时之衰旺，临则视地利之得失。①

---

① 神将乘临解义如此，非精蕴所在，不必拘。

问：《心印赋》"贵人居丑为升堂，居亥为登绛"，此专以方位言耳。若遇天盘之亥丑亦，可以升堂登绛论否？

曰：同一亥子水，在天为雨露，在地为江河。白虎加亥子，为溺水；若遇天盘之亥子，不必以溺水论，当参看别爻。

问：天地盘既不可混，而《心印》独言方位，然则天将可不论乎？

曰：《心印》特举一隅耳，神而明之，存乎其人。如青龙加申酉为摧鳞折象，若申酉上加亥子，尚可以摧折言乎？又如龙跃天门，固吉；若亥上见戌，则魁度天门，而又主关隔矣。所谓所"学贵乎变通"者，此类是也。

问：六壬只有十二支，而天地人物无所不该，不知何缘取象？

曰：六壬如六书，左宜右有，非可以一端取也。如"斫轮、铸印、高盖、乘轩"之类，象形也。"宾主不投刑在上，彼此猜忌害相随"，会意也。"合中犯煞蜜中砒，来去俱空岂动移"，转注也。"申为身，亥为孩"，谐声也。"财官、禄马"，指实也。"子巳相加为死，太常遇破碎为孝服"，假借也。且不惟六书可通，亦可通于礼。礼时为大，顺体宜称次之；课之旺相休囚，惟其时也；贵登天门，惟其顺也。君子遇贵则吉，惟其体也；战陈必用虎勾，惟其宜也；常问不应逢吉象，惟其称也。

问：六壬数也，而亦有理乎？

曰：一部羲经，无非即数以观象，即象以明理，岂有无理之数？

问：做工夫当如何？

曰：学、问、思、辨，缺其一皆不可也。平时要有心得，临事要有天机。

问：何以有心得？

曰：熟看古人条例，细察人情事故，久而疑处生悟，则有心得矣。

问：何以有天机？

曰：人心虚则灵，窒则不灵；静则明，乱则不明。故平日要不离古人，临事要不泥古人，泥则窒矣。上而名公巨卿，下而田夫乞儿，皆以一心应之，若有二三之见则乱矣。又如作文词意，来者取之，不来者听之。一心强作好文，其机反塞。又如射法，不可贪中，只照理而断，其灵不灵，不可设以成心，有成心便无天机。

问：紧要何在？

曰：三传要明其候，四课要辨其位，占断要从其类，吉凶要如其分数，课传年命等处要分开又要联络。此数句须熟玩之。

问：分开联络何说？

曰：其说已见前，请再以医喻。如六脉调和，此无病者也。若非无病与不治之症，必察其何经病、何经好，用药乃效，所谓"分开看"是也。既知得何经受病，或口渴或头痛，或便溏秘，必有诸证发现，以为证据，所谓"联络看"是也。故四课三传俱要分开，干为己，干阴为从；支为人为宅，支阴为邻。吉在干则我吉，凶在支则人凶。三传中有初中末，吉在初则先吉，凶在末则后凶。四课如作文分股，三传如作言语层次，初学便要讲究，此处一混，终身不得明白。至联络之说，即方以类聚是也，不必赘。

问：分数何说？

曰：所难者此也。如占官知他是何品级，占选举知他是何等第，占财是多是寡，占病是危是死，于此见得确当，便骎骎乎一贯矣。程子曰："韩信将兵，多多益善。只是分数明耳。"大凡天下事，先要分得明，然后会得通。如治丝然，必理其绪而分之，后比其丝而合之。故一贯之道，其功不在一而在万。不能逐事理会，便要求个一，终是囫囵间混过了。

问：何缘得有定见？

曰：神明降课，如主司命题，其意必有所注。或注上文，或注下文，或注本题虚字，或注本题实字，又或注于无字之处，非可一格求也。须以我之意迎神之意，到处熟时，自然见出一个恰好的道理来，所谓无定而有定也。程子《易》序云："时固未始有一，而卦未始有定象；事固未始有穷，而爻亦未始有定位。以一时而索卦，则拘于无变，非易也。以一事而明爻，则窒而不通，非易也。"故心无活法，既得古人七百二十课所断之词，因而断事，亦只是胶柱刻舟，未见其恰中事情也。

问：旬空可填否？

曰：天形圆，地形方，故干之德圆而神，支之德方以静。圆则其数必盈，不满何以能圆也？方则其数必虚，不缺何以能方也？譬如木焉，欲成其方，必削其圆，虽曰"天不满西北，地不满东南"，究之天包乎地，何所不满？因西北高而天似有缺耳。惟地形方，以规画之，则四围皆缺，亦不独东南虚一而有海也。地之缺，得天之圆以补之，仍不见其缺。故上旬之空，即有下旬之甲乙以填之，亦犹地缺而天补也。且天地之气，惟虚能化。旬空号曰"天中"，即《毕法》所谓"喜惧空亡乃妙机"也。凡遇旬空，未便断为不好，但凶神喜空，吉神惧空。即填实亦须辨其可否。如空上逢空、源消根断等格，譬之病人脱耗殆尽，虽服参蓍，其能补乎？又如问产喜空，空则速；问胎忌空，空则堕。若课传胎财旺相，已著孕兆，而或遇旬空，此将孕而未孕也，一遇填空之期则成胎矣。余可类推。

问：六壬真窍何在？

曰：壬窍与题跋相似。看题之窍，须于上下文关处看之。盖窍者虚处也，即人身之孔窍是也。题情每露于虚，神机亦常运于虚，惟虚则灵，灵则变化莫测；一滞于实，而胶固不通矣。且六壬只十二字是实的，若不于交关处求之，何以能该括万物而各得其情也？诚知交关之说，即可悟以两而化之妙。

问：断课以机，机果何在？

曰：祸福在天，吉凶由人。《易》曰"贞吉"，言正则吉，不正则不吉也。《易》曰"无咎"，言如此则无咎，不如此则有咎也。除死生富贵自有天定外，一切进退取舍，介乎休咎之间者仍在人，而不可专诿于天。故《易》言其象，亦视乎占之者何如耳。

宗门九式起例歌

一克贼[①]

取课先从下贼呼，如无下贼上克初。初传之上明中次，中上加临是末居。

二比用

上贼或三二四侵，不然上克亦同论。常将天日比神用，阳日用阳阴用阴。

三涉害

涉害由于是本家，路途多克最堪夸。孟深仲浅季无取，复等柔神刚日查。

四遥克

四课无克号为遥，日与神兮递互招。先取神遥来克日，无神克与日相交。

五昴星

无遥当向昴星寻，阳仰阴俯酉中神。刚日先辰而后日，柔日先日而后辰。

六伏吟

六甲伏吟寅巳申，六丙六戊巳申寅。六乙便寻辰戌未，六庚申寅巳三刑。
六己丁辛临亥酉，辰先日后末取刑。丑卯巳未更无克，辰刑冲处三传神。
六癸便寻丑戌未，壬辰壬午亥巳申。更有四壬别立法，日先辰火末取刑。
以上七八伏吟法，刚日柔辰申末分。

七返吟

反吟有克亦为用，无克别有井栏名。丁己辛同丑未日，中支末干是无亲。

---

① 上克下为克，下克上为贼。

八别责

四课不全三课备，无遥无克别责例。刚日干合上头神，柔日支前三合取。

九八专

两课无克号八专，阳日日阳顺行三。阴日辰阴逆三位，中末都来日上眠。

课目总歌

元首一上克其下，天地得位品物亨。重审一下贼乎上，以臣诤君详审行。
知一上下二相克，择比而用允执中。涉害俱比俱不比，度难归家深浅逢。
遥克神日互相克，蒿矢弹射势为轻。昂宿四课无克遥，阴伏掩目阳转蓬。
别责无克三课备，刚三柔六九为中。八专二课俱无克，日阳辰阴顺逆从。
伏吟天地俱不动，乙癸有克法不同。返吟有克往来取，井栏丑未丁辛。
三光用神与日辰，时旺将吉万事通。三阳日辰与用旺，日辰贵前贵顺登。
三奇子戌寻大吉，申午辰寅子亥承。六仪六甲旬头发，日仪午逆未顺宫。
时太发用岁月方，龙合财德最为强。龙德太岁与月将，天乙发用致福祥。
官爵岁月与年命，驿马魁常发用香。富贵天乙乘旺气，日辰年命相生良。
轩盖三传午卯子，正七两月正相当。铸印发用戌加巳，戌印巳炉铸太常。
斲轮太冲申上行，卯轮庚斧乙庚欢。引从三传引干支，又有贵引干年吉。
亨通三传递生日，天生地生有两般。繁昌夫妻年为用，德合旺相卦应咸。
繁华贵旺禄马发，干支年命吉将传。德庆天德与月德，干支二德为用先。
合欢日上递干合，吉将三六合用兼。和美专言四课事，各合互合皆为欢。
斩关魁罡日辰用，重土寒门斩关行。闭口旬尾加旬首，又有武阴逆四从。
游子季用又乘丁，再遇天马走西东。三交四仲来加仲，三传皆仲阴合逢。
乱首支加干克干，干加支上被克同。赘婿支临干被克，干加支上克支通。
冲破日辰冲为用，更兼岁月破神并。淫泆后合乘卯酉，狡童泆女此中情。
芜淫三课有克取，交车克下男女争。解离四辰互克上，年命互克亦同称。
孤寡四季之前后，如春巳阴丑寡星。地盘为孤天盘寡，阳孤阴寡三般呈。
度厄三课上下克，上下相克长幼惊。无禄四上来临下，以尊制卑君子凶。

绝嗣四下贼乎上，小人无礼肆纵横。迍福八迍兼五福，吉凶参驳此为名。

侵害日辰六害兼，年命发用最凶残。刑伤干支三刑用，又兼本命与行年。

二烦日月加四仲，斗击丑未此为言。天祸四立绝神用，昨日之干加今干。

天狱墓作死囚用，天罡日本之宫躔。天寇分至前一日，月加离辰发用先。

天网时用俱克日，物孕有损病缠绵。魄化死囚带白虎，干支年用吉凶连。

三阴贵逆日辰后，死囚元虎时克年。龙占卯酉日兼用，年立卯酉事迍遭。

死奇月躔天罡用，再遇鬼墓事熬煎。灾厄丧吊游魂用，丘墓岁虎伏殃边。

殃咎三传克日因，神将克占乘墓真。九丑子午与卯酉，配合乙戊己辛壬。

鬼墓日辰鬼作墓，鬼克墓覆祸宅身。励德日辰看前后，天乙立在二八门。

盘珠岁月与日时，传课俱全此为云。全局三合之课是，水火木金土中存。

元胎三传皆四孟，元中有胎名义深。连珠联茹兼进退，间传顺逆此中论。

六纯十杂兼物类，三传之说最纷纭。

贵人起例图解并歌

己土为贵人，阳贵起于先天坤位。伏羲卦图，乾南坤北，故从子上起贵人，顺行丑寅卯巳未申酉亥，至丑止。辰戌为狱，贵人不履；起于子，则午为对冲，亦不用。

<pre>
              冲子   甲
              不用
        癸   巳 午 未 申 乙
        狱
        不用
        壬   卯   酉 丙
                          狱
                          不用
        辛   寅 丑 子 亥 丁
              庚
              戊
</pre>

甲羊戊庚牛，乙猴己鼠游。丙鸡丁猪位，壬兔癸蛇头。

六辛逢虎上，阳贵此中求。

阴贵起于后天坤位，文王卦图，坤在西南，故从申上起贵人，逆行未午巳卯丑子亥酉至未止，辰戌与寅不用。

戊

庚
辛
壬　巳　午　未　申　己
　　辰　　　　酉　丁
　　<small>狱不用</small>　　　　戌　<small>狱不用</small>
癸　卯　　　　亥　丙
　　寅　丑　子　甲　乙
　　<small>冲申不用</small>

甲牛戊庚羊，乙鼠己猴乡。丙猪丁鸡位，壬蛇癸兔藏。

六辛逢马上，此是阴贵方。

六壬体例甚多，虽难记难熟，犹可以渐而致。若贵人月将，乃起课之提纲，此处一差，谬以千里。即幸而偶中，心无所凭，何能与鬼神合其吉凶？初学每苦于各说纷纷，无可适从。德坐此病十余年，后得起例，乃有定准，故列于此以释其疑。

《大全》、《指南》皆经名手所定，贵人月将，俱遵古法。后人乃欲别创一说，以展其奇，究竟理无所据。如贵人用"甲戊兼牛羊"，只知均配十干，而不知贵人所由昉，转谓课有不全。其实七百二十课，何会缺一？不过甲戊庚三干共丑未，六辛一干兼寅午，稍有参差耳。然二十八宿配十二支，亦有多寡。起例如此，何必强同？

月将为本月合神，以太阳所躔度也。命学飞星，六壬用将，振古如斯，乃假托《河图》以为超节，如地理家之用三元，根据河洛，大言欺人，其实穿凿无谓。《银河棹》云"错认日躔为月将，谬加天乙乱神祇"，妄肆讥评，而不自知其错谬之甚也。《六壬晬斯》，九门定式，条例分明，便于初学。而贵人月将，余初用之，后知其非，学者断不可承讹。

德煞八种辨论

德

德者，福祐之神也。凡临日入传，能转凶为吉，其名有四。[①]

凡四德入传皆吉，日德尤吉，俱宜生旺，不宜休囚。

凡德入传，忌逢空落空，及神将外战。

凡德加干发用为鬼，仍作德断，不可作鬼断。盖德神能化鬼为吉也。惟寅加己，申加乙，巳加辛，亥加丁四课。

凡德下贼发用，得贵神生扶，仍作全吉断。若无生扶，又见克泄，主喜处生忧。如乙未日申加午发用，申为乙德，受制于午。但阴阳贵神属土脱午生申，仍作全吉之例。

凡德神归日，又会合带贵，主有意外之喜。惟不宜占病讼。如丁酉日阳贵干上亥之例。

凡德临死绝，又值凶神，减力十之七。

凡日德发用，又同下神克日，鬼德格。主邪正同途。如乙酉日遥克，申加酉发用，申为酉挟，化德为鬼之例。

凡德作官星，又临朱雀，名文德格。主应举得官，在官得荐。如己巳日寅加己发用作官星，顺贵朱临寅之例。

合

合者，和顺之神。凡临日入传，主有和合成就之喜。盖阴阳配合，奇偶交遘，故凡事皆成也。其名有三：

一行合，即三合也。亥卯未木合，主繁冗驳杂。寅午戌火合，主侣党不正。巳酉丑金合，主矫革离异。申子辰水合，主流动无滞。

凡三合入传，主事关牵连，必过月方能了结。又主亲识朋侪众多之应。

凡取成合之期，以三合决之。如寅午戌日，见天空则发；若不见空，主

---

① 日德、支德、月德、天德。

戌月戌日成就之例。

凡三合入传缺一神，名折腰格。占事必待缺神值日，方能成就。亦名虚一待用格。

凡三合入传缺一神，若日辰偶足之，名凑合格，主有意外和合之事，以所凑乘神决之。如凑足者是贵人，即主贵人提携之例。

一干合，即五合也。甲己为中正合，乙庚为仁义合，丙辛为威权合，丁壬为淫泆合，戊癸为无情合。

凡中正合乘贵人，主贵人成就，见贵得喜。与德神并，能解诸凶。若与阴后元六，相乘于卯酉，主有贵人奸邪不正之事。

凡仁义合乘吉神，主内外和合，作事端肃。若乘阴六元后临卯酉，主假仁义以行奸邪之事。

凡威权合乘吉神，主施威德，布号令，观兵耀武。若乘凶神，主挟令陵下，卑幼勉强承顺。

凡淫泆合乘吉神，主阴谋成事。若乘阴后元六临卯酉，主女子淫奔，家门丑行。

凡无情合乘吉神，占事半实半虚。若乘凶神，主外和中离。百凡承顺，皆是假意。

一支合，即六合也。子与丑合，寅与亥合，卯与戌合，辰与酉合，巳与申合，午与未合。

凡合与德同入传，百事皆吉。即会凶神，亦主凶中和合。

凡合入传，视其进退，传进利进，传退利退，百事如意。

凡寅合亥为破合，巳合申为刑合，主谋事合而不合，成而不成。若得贵青德禄乘之，仍主顺利。

凡合入传，谋事皆成，但不能即时了结。不宜占病占讼。

凡暗中三合六合，主失脱、藏匿，难获。

凡刑破二合发用，主内吉外凶，占事须费力然后有济。

凡合逢空落空，又见刑害，主和中藏祸，有德可解。

凡合克日或乘蛇虎朱雀，主合中有害，不可托人谋干，恐以直信人，反招不足。

右三等合神，以干合为主，支合次之，行合又次之。要与德神禄喜临并，方为全吉，可制诸凶。若乘凶神，全无吉助；则又与凶合，返为凶矣。凡占宜详之。

凡三合在课中，作干支上神，交克干支，主外和中离，各怀疑忌；或为人挑激，以致不和。如甲子日干上戌、支上申，干支三合，申克日、戌克辰之例。

凡支干互合，名同心格。主一切谋望，皆同心成就。若见刑害，又主同心之中暗生妒忌。如乙酉、丙申、戊申、辛卯、壬寅五日返吟，干支相合，上神亦相合。如甲申日巳加壬，乙亥日寅加干，壬午日丑未加干，皆干上神与支合，支上神与干合之例。

凡支加干，上神邻近相合，主彼此变换，共相谋事，皆有成就。惟壬子、戊午、丙午三日有之。

凡支加干，上神相合，或干加支，上神相合，亦可共谋成事。惟丙寅、丙戌、戊戌三日有之。

凡支干上神相合，又相破，而支干自相害者，主谋事外而假意相成，中心百方暗毒。惟壬申、戊寅、丙寅日六课。

凡干支相害，上神相合，无刑破者，主外合中离，凡相成皆是假意，若逢空仍主相害。乙卯、辛酉日四课。

凡日干与支上神相合，支辰与干上神相合，名交车格，主交关交易，交加交换，成合之事。凡值此课，惟利合谋，不利解散。此例除甲寅、庚申、丁未、己未、癸丑五日支干同处，交车不合，余则一日一课，有十种分别，占用各随所宜。

长生合，宜合本营为。如甲申日干上巳，为支长生与支合；支上亥，为干长生与干合之例。

财合，宜交关取财，或财相交涉。如辛丑日干上子，为支财与支合；支上卯为干财与干合之例。

脱合，不宜交涉，主彼此各怀相脱之意。如戊辰日干上酉脱支与支合，支上申脱干与干合之例。

害合，彼此合谋，暗中相害。如丁丑日干上子害干与支合，支上午害支与干合之例。

空合，主先好后恶，有初无终。如辛亥日干上寅空与支合，支上卯空与干合之例。

刑合，主和美中生出争竞，及彼此各不循理。如癸卯日干上戌刑干与支合，支上子刑支与干合。

冲合，主先和后离，不论亲疏，五伦皆然。如甲申日干上巳与支合，支上亥与干合，巳亥寅申又相冲之例。

克合，主交涉中生出争讼，或匿怨相友，笑里藏刀。如庚子日干上丑克支与支合，支上巳克干与干合之例。

三交合，凡交关用事，必有奸私，或相交涉二三事。三交者，孟仲季各临孟仲季也。惟己酉日辰加干，丁卯日戌加干二课。

交会合，主内外相合，或世代义门，更有外人相助。凡占事事有成，惟忌空亡。如乙丑日干上子与支合，支上酉与干合，三传巳丑酉又三合之例。

鬼

鬼者，贼害之神也。干支之中，阳克阳、阴克阴为鬼。《经》曰："传中多鬼，事事不美。谋望不成，凶灾及己。"凡昼鬼主公讼是非，夜鬼主神祇妖祟。

凡鬼入传，若日干旺相，及传中命上见子孙，亦不为凶。

凡占讼占病，忌鬼入传、临日，见子孙及救神减凶。

凡占盗，鬼入传自相冲，或与盗神相冲，其盗自败。若落空带鬼，返难捕捉。

凡干上鬼发用，事多不美。若用见德合，犹可望事求官。

凡传鬼带合，又克日之上神，主求事返覆进退而后成。

凡鬼宜衰败，不宜生旺。若鬼当时，亦不为凶。如甲为戌鬼，若在仲春，木贪生发，返不制土之例，防过时为凶。

凡鬼发用，又临克日之乡，名"攒眉格"。占事主有两重不美。即遇救神，惟解其一。庚辰日午加巳发用之例。

凡辰上神发用为日鬼，占事主自家人暗害。

凡鬼多有制，返不为凶。占事未免先值惊危，终乃无畏。若闻人谋害，但是商量，不能为祸。惟白虎发用，大有畏忌。要年命上有制虎之神。如壬辰日遥克，戌加未发用，三传戌丑辰，上下六鬼，干上寅木制之之例。

凡鬼发用，是支上神。又引中末入鬼乡，谓之家鬼弄家神，有救无祸，无救有祸。如己丑日支上寅发用作鬼，三传寅卯辰皆归木乡之例。此课干上申制鬼可救。

凡鬼临日干，得支上神救者，主一切事自外来，要家内人解救。如癸亥日辰加干发用为鬼，支上寅制之之例。

凡鬼发用生末传，作干长生，名"鬼脱生格"，主一切先凶后吉。如丙子日干上子发用为鬼生末传寅之例。

凡三传会局为鬼，返生起干上神生干者，主一切返凶为吉。如庚午日干上辰，三传戌午寅火局为鬼，生起辰土以生干之例。庚寅、庚午、庚戌、乙巳、乙酉、乙丑、己巳七日。

凡贵德临身制鬼者返吉。如乙丑乙巳二日，酉加巳发用，三传酉丑巳金局为鬼，申为干为德为贵，初传螣蛇火制鬼，破其局，末传巳返作救神之例。

凡传鬼为贵人盗气亦能免祸。如辛巳日午加辛发用，三传火局，顺逆用贵皆贵常勾，盗火气，不能为鬼之例。

凡传虽脱干，能制暗鬼，名"借益格"，主有人来赚我，恰值我有祸患，欲借其力，姑遂其意，用之反有益也。暗鬼者，贵人克干也，其凶甚于明鬼。如壬子日未加卯发用，三传木局脱干，夜贵，贵勾常为鬼，木反制之之例。

同类受克绝，以将而言，甲乙日寅卯临申酉，丙丁日巳午临亥子，庚辛日申酉临寅卯，壬癸日亥子临巳午。

同类受克绝，以神而言，甲乙日青龙六合乘申酉，丙丁日朱雀螣蛇乘亥子，戊己日贵人太常勾陈乘寅卯，庚辛日白虎太阴乘巳午，壬癸日元武天后乘辰戌丑未。

墓

墓者，伏没之神也。五行墓于四季，有阴阳生死之分；阳干死地，即阴干生地。故未为甲癸之墓，戌为丙戊乙之墓，丑为庚丁己之墓，辰为壬辛之墓。此盖戊己从丙丁分顺逆，以子依母，以生金也。未为木墓，戌为火墓，丑为金墓，辰为水土墓。此盖单论五行，土寄坤，不以干之阴阳分顺逆也。壬课重在日，惟从十干墓，不从五行墓。

凡墓入传临日，主一切闭塞暗昧、壅塞不通。

22

凡辰未为日墓，戌丑为夜墓。日墓刚速，夜墓柔延。凡墓蒙昧昏暗。若夜墓临日，自暗投明，诸事尚有解救；如日墓临夜，自明投暗，一切愈见模糊。

凡寅加戌、巳加丑、申加辰、亥加未，自生入墓，如人堕井中，呼天不应。占病必死，占贼难获，占行人不来。

日之长生处乘墓，如甲乙日未临亥、丙丁日戌临寅、戊己壬癸日辰临申、庚辛日丑临巳是也。主旧事再发。

长生处自乘墓，主新事废。如甲乙日辰加亥、丙丁日未加寅、戊己壬癸日丑加申、庚辛日戌加巳是也。

天上长生坐墓，如甲乙日亥临辰、丙丁日寅临未、戊己壬癸日申临丑、庚辛日巳临戌是也，主不能生。

以身入墓，如甲乙日末传遇未、丙丁日末传遇戌之类。

以魂入墓，即墓神覆日，如甲乙日未加寅辰、丙丁日戌加巳未之类。

以日入墓，即坐墓，如甲乙日寅辰临未、丙丁日巳未临戌、戊己日巳未临戌、庚辛日申戌临丑、壬癸日亥丑临辰。

以支戴墓坐墓。戴墓，如辰加亥子、未加寅卯、丑加申酉、戌加巳午。坐墓，如亥子临辰、寅卯临未、申酉临丑、巳午临戌。

行年化气入墓。如行年在寅午戌，化气属火，火墓戌，加戌是也。

年命乘墓坐墓，如年命在子，辰加子为乘墓，天上子临辰为坐墓。

以鬼入墓，如甲乙日申酉加丑、丙丁日亥子加辰之类。

凡生旺入墓，成而后败；墓入生旺，败而后成。

凡墓主暗昧忧郁，若自墓传生，凶中变吉。

凡墓发用，宜日干有气。若无气，占病防死，占讼防屈。

凡中传见墓，百事不顺，进退有悔。

凡末传见墓，百事终无成就。

凡墓逢冲则吉，逢合则凶。若年命上神能克制之，亦可解救。

破①

破者，散也、移也。其法以十二支环列，阳日破后四辰，阴日破前四辰。

---

① 即红沙。

凡破临日入传，惟宜散凶事，不宜成吉事。

凡破占事多中辍、有更改，一切主不完全。

凡午破卯，主门户破败；辰破丑，主墙墓颓圮；酉破子，主阴小灾晦；戌破未，主人物刑伤；亥破寅、申破巳，破中有合，败而有成。六反皆然。[①]

凡四孟见酉，四仲见巳，四季见丑，名"破碎煞"。主凡物破损不完。

凡破冲，主人情暗中不顺。占婚姻虽强成难久，占产虽胎动难生。若乘喜神吉神，凡事主艰难后遂。若逢空落空，有声无形。

凡年命上见破，主有伤损。

害

害者，阻，也斗也，其法以十二支从辰戌两分，自戌至卯，横列于下；自酉至辰，横加于上，上下相交，即为六害。凡害临日入传，事多阻隔。

凡子加未，主事无终始，官非口舌。〇未加子，主营谋阻滞，暗里生灾。〇丑加午，主公讼不利，夫妻不和。〇午加丑，主事不分明，终难成就。〇寅加巳，主出行改动，退利进阻。〇巳加寅，主谋事阻难，口舌忧疑。〇卯加辰，主事有虚争，好中生斗。〇辰加卯，主求谋多阻，干事无终。〇酉加戌，主门户损伤，阴小灾疾。〇戌加酉，主暗中不美，奴婢邪谋。〇申加亥，主先阻后得，事必有终。〇亥加申，主图谋未遂，事必无始。

凡害必无和气，只宜守旧，动即有失。

刑

刑者伤也，残也。其法以十二支环列，以丑寅向下两分，隔四刑之，始分而刑。三冲中者自刑，终交而刑。二冲首者自刑，故丑刑戌、戌刑未、未刑辰、辰冲戌为自刑；寅刑巳、巳刑申、申刑亥、亥冲巳为自刑；子刑卯、卯刑午、午冲子为自刑；卯刑子、子刑酉、酉冲卯为自刑。是以辰午酉亥为自刑，子卯卯子为互刑，丑戌未、寅巳申为朋刑，故曰"三刑"。凡朋刑，惟丑能刑戌，戌能刑未，未不能刑戌，戌不能刑丑；惟寅能刑巳，巳能刑申，申不能刑巳，巳不能刑寅。而世本有以未刑丑、申刑寅者，盖未考冲首为自

刑，而误以冲为刑也。凡刑入传临日，必主伤残。

凡自刑，主自逞自作，以致落败，事非顺成，死非正命。

凡互刑，主无礼无义，大荡小淫。子刑卯，死败相刑，门户不正，尊卑不睦。卯刑子，明入晦出，子息不律，水陆不通。

凡朋刑，主无情无恩，肆陵势挟。寅刑巳，刑中有害，举动艰难，灾讼骈至。丑刑戌，刑中有鬼，贵贱相侮，病狱交臻。巳刑申、戌刑未，刑中有破，长幼不和，身家零落。

凡刑发用，必见刑伤。刑干忧男，刑支忧女，刑时忧事。

凡旺刑衰则福遇，衰刑旺则祸起。

凡发用刑月建，不可对讼；刑日阴，不可远行；刑干支，诸事不安。干刑应在外还，支刑应在内迟。

凡上下相刑发用，又作日鬼，主反复乖戾，公私两忧。

冲

冲者，动也，格也。其法以十二支环列，阴阳各相结为冲，即返吟之例。凡冲日，主身有攸往；冲辰，主宅有动移。

凡冲主动移，反复不安。子午相加，道路驱逐，男女争交，谋为变迁，举动差失。卯酉相加，分异失脱，更改门户，乘阴临合，淫泆奸私。寅申相加，邪鬼作祟，夫妻异心。巳亥相加，顺去逆来，重求轻得。丑未相加，弟兄两意，谋望无成。辰戌相加，悲喜不明，奴仆逃走。

凡岁月日干支，皆不宜冲。如甲子岁干上申，支上午之例。日月仿此。冲岁岁中不足，冲月月中不足。

凡吉神不宜冲，冲则不吉；凶神宜冲，冲则不凶。

按：六壬神煞，甚多难记，须读《指南》歌括，细看注释，临时相题取用，其与所占不甚紧切者弃之。若德煞八种，课课不离，而审人情、察神机，全在于此。凡天地间事理，愈神奇，愈平淡。人只骛高远而不由卑近，所以凡事不能精也。抑或期效太速，不揣其本，而齐其末。但取《视斯》、《寻源》等书，所载分类断语，比以为例；而于六十四课与《毕法》百句体格，全未究心，又不识《易经》变通之义，而遽求其灵，得乎？

神煞纪要

阳贵①

甲	乙	丙	丁	戊	己	庚	辛	壬	癸
未	申	酉	戌	亥	子	丑	寅	卯	巳

阴贵②

甲	乙	丙	丁	戊	己	庚	辛	壬	癸
丑	子	亥	酉	未	申	未	午	巳	卯

起例见前。

十二神

贵人	己丑土	螣蛇	丁巳火	朱雀	丙午火	六合	乙卯木
勾陈	戊辰土	青龙	甲寅木	天空	戊戌土	白虎	庚申金
太常	己未土	元武	癸亥水	太阴	辛酉金	天后	壬子水

如贵人加地盘，亥子丑寅卯辰宫，则十二神依此顺行。若贵人加巳午未申酉戌宫，则十二神依次逆行。

干煞

长生　沐浴　冠带　临官　帝旺　衰

病　　死　　墓　　绝　　胎　　养

甲日亥上起长生，乙日午上起长生。阳干顺行，阴干逆行。惟日木与败气则从五行起例。

---

① 拈得卯辰巳午未申六时者用此
② 拈得酉戌亥子丑寅六时者用此

日德：阳干同禄神，阴干从官星之禄神。如乙以庚为官用申之类。

日合：日干对宫之神。如甲用己之类。

游都：甲己在丑，乙庚在子，丙辛在寅，丁壬在巳，戊癸在申。

鲁都：即游都对宫之神。

干奇：午巳辰卯寅丑未申酉戌。

支煞

支德：子日起巳，顺行十二支。

六合：子丑合，寅亥合，卯戌合，辰酉合，巳申合，午未合。

三合：即五行生旺墓三宫之神。

三刑：寅刑巳、巳刑申、申刑寅，丑刑戌、戌刑未、未刑丑，此为月刑。
　　　　子刑卯、卯刑子，此为互刑。辰刑辰、亥刑亥、酉刑酉、午刑午，
　　　　此为自刑。

六害：子未害，午丑害，寅巳害，卯辰害，申亥害，酉戌害。

支墓：用五行起例。

支破：阳支后三神，阴支前三神。

子	丑	寅	卯	辰	巳	午	未	申	酉	戌	亥
戌	卯	子	丑	寅	未	辰	酉	午	亥	申	丑

华盖：三合之第三位神。

将星：三合之第二位神。

驿马：三合第一位冲神。

劫煞：三合第三位之前一位神。

破碎：孟日用酉，仲日用巳，季日用丑。即金神，又名红砂。

支仪：

午	辰	寅	未	酉	亥
巳	卯	丑	申	戌	子

月煞

天德

正	二	三	四	五	六	七	八	九	十	十一	十二
丁	坤	壬	辛	乾	甲	癸	艮	丙	乙	巽	庚

月德：巳寅亥申三轮，即三合之禄神。

生气：正月起子顺行。

死气：正月起午顺行。

官符、孝服、谩语：俱同死气。

死神：正月起巳顺行。

火烛：同死神。

天医：正月起辰顺行。

地医：正月起戌顺行。

天诏：正月起亥顺行。

飞魂：同天诏。

信神：正月起酉顺行。

血支：正月起丑顺行。

坑煞：同血支。

风煞：正月起寅逆行。

风伯：正月起申逆行，天解同。

月厌：正月起戌逆行，对宫即厌对。

火光：同月厌。

烛命：正月起卯逆行。

天鸡：正月起酉逆行。

天马：正七月起午，顺行六阳。

皇恩：正七月起未，顺行六阴。

天财：正七月起辰，顺行六阳。

血忌：阳月起丑顺行，阴月起未顺行。

飞廉：卯月起巳，午月起寅，酉月起亥，子月起申，俱顺行。

勾神：阳月起卯，隔月顺行六阴神。阴月起戌，隔月顺行六阳神。

绞神：勾神对宫。

会神：

未	寅	酉	丑	巳	申
戌	亥	子	午	卯	辰

成神：驿马合神。如正五九月马在申，巳与申合即是。

天鬼：驿马前一位神。

悬索： 天鬼对宫。

桃花： 同悬索。

产煞： 阳月用驿马，阴月用马对宫。

大煞： 月德前一位。

丧魄： 月德前二位。

旬 煞

三奇： 甲子甲戌旬在丑，甲申甲午旬在子，甲辰甲寅旬在亥。

六仪： 旬首之神。

丁马： 六丁之神。

旬空： 十干不到之处。

时 煞

天赦： 戊寅、甲午、戊申、甲子。

皇书： 四时临官之神，如春木临官在寅之类。

孤辰： 四时前一位。

寡宿： 四时后一位，关神同。

喝散、钥神： 同孤辰。

火鬼： 午酉子卯。

丧车： 天喜后一位。

天喜： 戌丑辰未。

天耳： 同天喜。

浴盆： 天喜冲位。

天目： 同浴盆。

哭神： 未戌丑辰。

五墓： 同哭神。

游神： 丑子亥戌。

戏神： 巳子酉辰。

岁 煞

大耗： 岁后一位。

丧门： 岁前二位。

吊客： 岁后二位。

岁墓： 岁后五位。

岁虎： 岁墓前一位。

节录郭御青先生序

或问：先生素研精此道，能占之百无一失乎？先生曰：不然。占有应否，中有说焉。余揣以经常事理为主，不过信杳茫也，现前事理，苟属一定，其宜行宜止，观事理为动静，其成败听之天而已。如舍定理而别图，即为妄占，妄则不诚，不诚则不明。事有宜占者，有不宜占者。宜占者，事理自有两在者也。不宜占者，事应两在者也。又事关鸿巨，疑心亟切，则宜占。事属缓慢，心不亟切，则不宜占。尝有人以不紧要事而闲谈求占，问者之心已不诚，占者亦漫应之，两人之心俱不诚，是无物也。无物则无形见，所以课体亦茫无端绪。大约天下事皆象心正之，未有无心而有事者也。如人闭目凝神，虽静坐一室，而室外步履音响，洞垣如见。如心偶他驰，人过吾前而不见，声震吾耳而不闻。是心一不在，虽而前形声且不见不闻，而况课传中隐深之义乎？卜筮家每云"心不诚则神不告"，非幻冥之神不告，乃吾自心之神不出现也。上彻九天，下透重渊，皆人心灵为之。舍自己心灵而求课象，必不得之数也。余持是说，以告占验家，百不失一矣。

六壬辨疑卷二

元首课象乾

凡一上克下，余课无克，为元首课。以尊制卑，大顺之征。为九宗之元，六十四课之首，故名"元首"。

占主天地得位，品物咸亨，事从外来，起男子，忧喜皆实，臣忠子孝，婚姻谋遂，孕生男，兵讼先者胜，贾人获利，官职首擢，利见大人。如日辰年命发用，正时六处，值旺相，乘吉将，更兼富贵、官爵、三光、三阳等课，仕人贵显不可言。然或得凶神恶将，三传不顺，反主下顺而上不从。又如上乘囚死，下却旺相德合，逢岁月建，主上虽制下，而下不受制，未可执一也。

《心镜》占孕歌曰："用神克下生男子。"昔越有郑妃当产，于四月辛巳日子时，召范蠡占之，得巳加酉，元首课，是旺火克死金，上强下弱，故生男。若秋占则不然也。

按：一下克下，为元首。此言课之体，即《易》所谓"成卦之主"也。卦主既得，线索在手，乃前贤示人以简御繁之法。故占此课者，便知事从外来，起男子，然吉凶犹未定也。又须观其主卦之主，如发用见贵德六仪，考必第一，官必首擢；见龙合财喜，更兼旺相，财添喜遂，婚良孕男，遇战雄，则兵讼先者胜；若遇凶神恶煞，休囚死墓，则为首者必败，诸占不吉。此后学贵乎变通也。六十四课与《毕法》百句，最为扼要，须熟读而精思之。**官德补注。**

占验一

○咸丰甲寅年辰月戊申日巳时，卢姓占回家耕田。

元首课

合朱蛇贵

鬼卯阴　白贵阴合　　戌亥子丑

子申青　午丑卯戌　勾酉　　寅后

兄丑贵　丑申戌戌　青申　　卯阴

未午巳辰

空白常元

正议：丑为田地，干支上神，乘墓相刑，必因田地与弟相争，弟亦有病在床，恐不寿而有破耗。正时太常为衣服，乘日禄，不如以成衣为业之有补也。

参议：问：何以知弟病？曰：支上丑墓病符，作兄弟爻，其弟必有脾虚黄肿之症，申乘死气加卯，身尸入棺之象。

案验：其弟不和，分居未久，已得肿病。占者在外成衣，欲归耕，亦恐与弟有事。

附录：《毕法》："宾主不投刑在上"，"干支乘墓各昏迷"。

占验二

○咸丰辛亥年酉月癸巳日巳时，武昌司马梅筱素公祖占进京。

元首兼连茹课

蛇贵后阴

子卯朱　朱蛇空青　　辰巳午未

子寅合　卯辰亥子　朱卯　　申元

鬼丑勾　辰巳子癸　六寅　　酉常

丑子亥戌

勾青空白

正议：问：魁度天门，传逢退茹，岂能行乎？曰：连茹课，进中有退，退中有进。现在岁君乘马，为河魁所制，年内即能赴京。亦与天阶遥隔，必交子年节气，初逢岁建，青龙当阳，定荷圣眷。此际旺禄临身，当有委署，不能远行。初传朱乘月破，同僚亦小有言；中传六合乘寅，又与岁合，自有居间者和之。

问：青龙盘泥若何？曰：青龙加丑，为其水渴，故名"盘泥"。今得子水加之，则飞矣。何盘之有？

参议：问："两蛇夹墓凶难免"、"太阳身宅逞阳曦"，支上一爻，兼此二格，吉凶孰是？曰：雀加天喜临门，正贵先锋作日德，幕贵发用作子孙，又两贵拱支，指顾间，令嗣定有捷音到署。夫墓作太阳，原不以墓论；然天喜乘蛇克日，不免喜处生忧。末传又逢死气丧门，宅内亦主病丧。所谓"吉凶互见"者，此类是也。

案验：原拟秋间北上，因奉委修城，延至年终始动。来年正月二十五日丙子引见。本科乡试，嗣君果中，却大病，未赴会试。胞兄作古，亦见口舌。

附议：凡初传乘朱勾及岁月日破，中末见六合或岁月日合，主先破后合，反此则主合中有破。

附议：《毕法》"帝幕贵人高甲第"，科举喜见。若在官者，占之为林下贵人，又得退茹，故不久归隐。末传丑勾克日，癸丑年湖北失守。

《易》曰："圣人有以见天下之动，而观其会通，以行其典礼。"按：会通，即圆而神；典礼，即方以知。圆神者，将动之机；方知者，已定之局。如今考试，亦像此意。发案先出圆盘，后列方榜。盖典礼既定，无可游移，而初占之时，须要会通。不会则缺，不通则窒。会在多记古人条例，通则神明存乎其人。《易》又曰："穷则变，变则通。"如魁度天门，逢冲则开；青龙盘泥，得水则飞。即此可悟变通之诀。以后所载，言不尽意，而吉凶进退，消息盈虚，详注一课，余可类推。

占验三

○咸丰癸丑年卯月丁酉日午时，江忠烈公枭楚时，占去留。

元首兼曲直课

朱蛇贵后

官亥贵	空阴常贵	酉戌亥子
父卯常	巳丑卯亥	合申　丑阴
子未勾	丑酉亥丁	勾未　寅元
		午巳辰卯
		青空白常

正议：驿马天书加年加干，天诏加命，此举师之象，其不能留守必矣。

正时青龙会禄，贵德临干发用，三传会印当旺，一岁屡迁之兆。但自生传墓，末传勾神伤官，年终有不吉耳。

附议： 又按：三合课宜合众以为功，独行则失势，迟行则失时。本局当旺，宜乘春夏之气，扫尽尘氛，至秋则反受克矣。夫一人决拾，千夫皆从，我兵望风而逃，非贼劲也，我自靡耳。此时官兵疲玩，已成痼疾，急难整顿，欲成大功，非用素练之勇不为力，能多更妙，不多则择其优者，以为先锋，所谓"率马以骥，骀亦堪用"也。自古名将，多以家卒成功，背嵬五百，尤为明证。盖性情技艺，素所服习，如手足之卫头目，不待教诫而自知也。

案验： 大人籍系楚南，居乡练勇屡捷，以大挑教职，升知府衔。壬子冬，楚北城陷，贼退。癸丑春，大人随张制军，自南至北，尽复余烬，署臬印，随即补授。江南因楚乏员，制军保留，故有此占。四月复征至九江，贼围江右，入城拒贼见捷，升江南巡抚，时已秋矣。在路抱病，至江南兵力不足自尽，本年十二月十八日也。以广文至中丞，仅五载耳。自是江右，皆带乡勇，用之有效。占时欲不带勇，故有《附议》一则。初传一上克下为元首，是亥为成卦之主，又为日官、日德、正贵，亦即主卦之主也。

占验四

○**咸丰甲寅年巳月甲申日子时，江西黄维型占友被掳回否。**

元首兼闭口元胎回环课

			蛇朱合勾	
子巳勾	蛇勾白阴	寅卯辰巳		
兄寅蛇	寅巳申亥	贵丑	午青	
父亥阴	巳申亥甲	后子	未空	
		亥戌酉申		
		阴元常白		

正议： 问：自支传干，末足抵日，课名回环，干得长生，皆生还之象，奈闭口发用，恐逃而不能出？曰：初癸末丁，先有所阻，后有所冲而动，出围后寅禄被劫，末遇女眷相助，始可到家。

案验： 本日巳动，又被贼拦，后因贼攻别处，得脱，被劫。到姊家相助，乃回。五月初三辛丑到，四月节也。

附议： 凡闭口课，不利出行托荐。然课传年命，得冲神间之，转吉。凡占逃难，用得太阴六合者出。此课太阴作长生，泄虎鬼，冲闭口，只此一爻，便可决其生还。盖巳为成卦之主，亥为主卦之主，巳为病，亥为药，故能转凶为吉。

重审课象坤

凡一下贼上，余课无克，为重审课。象地，事逆，如臣诤君，不敢擅为，必再三详审，定计而后入，故名"重审"。

占主事从内起，由女人，孕生女，兵讼后者胜，谋望先难后成。大抵贵顺吉，贵逆凶；墓绝传生旺吉，生旺传墓绝凶。初克末凶，末克初吉。全要末传得吉将、天月德等，可化凶为吉也。

此课利下不利上。然或下休囚、上旺相，则下虽乖违，终不能肆害，如生金不畏死火之类。

· 占验五

○同治甲子年辰月己酉日卯时，在保康，占观察张涝山老夫子荆州动静。

重审课

贵后阴元

财亥蛇	蛇常合阴	子丑寅卯
父午空	亥辰酉寅	蛇亥　辰常
兄丑后	辰酉寅己	朱戌　巳白

酉申未午

合勾青空

正议：问：日马加命发用，天空乘日禄生干，官星皇书月马加日，应主升迁？曰：此动而不动，何也？辰命合支，遁甲合干，必不能离荆。皇书乘马旬空，中传文书天空，朱雀临门坐空，升迁之信不确。喜太阳照武，此次贼寇，荆州可以无忧。

案验：占课后，数日来书，命速转荆，同赴省垣。云督抚委署臬篆，现有札据，非虚谣也。将启行，又改委唐臬台矣。师属原任，贼匪下行，荆亦无恙。

补议：太阴为臬台，作官星，逢空；青龙外战，传贵俱逆；日马带病符投墓，不但升信不确，旋告病赋闲四载。至己巳冲去病符，贵人加岁，起假引见，升臬台，此占时所未见及者。

占验六

○道光己酉年午月庚子日亥时，自占月将。

重审兼全局课、回环格

<pre>
              空虎常元
子子青 元蛇青元   丑寅卯辰
禄申蛇 辰申子辰 青子   巳阴
父辰元 申子辰庚 勾亥   午后
              戌酉申未
              合朱蛇贵
</pre>

正议： 课名回环，占事有成。青龙得水，贵登天门。太岁乘丁马朱雀加命，本年科场必中。正时亥逢勾陈，日上元被墓克，辰为领袖，三合会局，必与大众协攻雀符。

参议： 问：子为月破，三传脱日，能无劫耗之累乎？曰：现在不吉，至秋冬子水天财得令，青龙会日，自有众人相助。然所入不逮所出，以课传皆脱神也。

问：辰墓并关加日，奈何？曰：逢戌月冲之，始吉。

案验： 夏月破耗拮据，因水灾，科试改至戌月，果中。时亲友俱为助喜，然至年终，担石无存。本里守望有团，因大水后盗贼猖獗，各家协力拒之，始安堵。

附议： 合观一卦之象，细玩一爻之义。如《易》有剥卦，剥者，落也，凶象也。然卦凶而爻吉，仍以吉断。不独上九"得舆"为吉，即众阴剥阳，而五以比上为利，三以应上无咎，亦不尽言凶也。此课全脱，大象本凶，然青龙主财帛，在庚日亦为财神，又五月子为天财，中末递生，此主喜事生财，众人合助，所谓凶卦中之吉爻也。而青龙坐空投墓，终归虚耗，又为吉中之凶。

补议： 三传脱气，财临日上，为取还魂债，言耗而复聚也。此课日上无财，得初传青龙泄水作财，亦取还魂之义。

知一课象比

凡课有二上克下，或二下克上，择课之阴阳，与今日比者为用，曰"知一"。比者和也，阳日阳比，阴日阴比，二爻皆动，事有两歧，善恶混处，必择其比和者而用之，故名"知一"。

知一亦名"比邻"，事起同类，祸自外来，失物寻人，俱在邻近，兵讼宜和，凡事狐疑不决。吉神比者为近，不比者为远；凶神比者为喜，不比为忧。

此课大端舍远就近，舍疏就亲，恩中有害之象。

占验七

○道光庚戌年寅月甲午日酉时，观察张仲远夫子莅武邑时占县治。

知一兼元胎课

青勾合朱

官申青　蛇勾青常　　申酉戌亥

父亥朱　子酉申巳　空未　　子蛇

禄寅后　酉午巳甲　虎午　　丑贵

　　　　　　　　　巳辰卯寅

　　　　　　　　　常元阴后

正议：初传日马坐克，道路皇皇。至中末长生日禄，相生相合，三传递生，青龙内战，必得荐举。支上勾乘破碎，又逢丁马，恐因驿路人夫致生口舌。幸四课子水生日，必得邻县李姓解救。生气加酉，定主妾孕。

案验：春季劳动，冬季得升迁信，为差拏犯，与别县致讼，得邻县李公化解，妾孕亦准。

附议：讼者为邻，解者亦为邻，应比用课也。支上一生一克，故薰莸并见。

附录：酉为日胎属兑，《易经·说卦》"兑为妾为羊"，故应妾孕。然又得子为生气，课名元胎，始可决之。

补议：问：何以生女？曰：下克上为用，干支皆巽兑之卦。

问：何以生女母死？曰：酉为午火死气所克也。

占验八

○同治丁卯年子月戊子日子时，寓襄阳，刘大茂占往荆门州署。

知一兼进茹课

蛇贵后阴

鬼寅青	青空贵蛇	午未申酉
鬼卯勾	寅丑未午	朱巳　　戌元
兄辰合	丑子午戌	合辰　　亥常

卯寅丑子
勾青空虎

正议：问：干支罗网，似不能行，而初传日月时三马乘龙，又是动象，果宗何说？曰：静则安，动则否。何也？日上文书虽空，而三传撞干以助上神，待其就我。坐而受生则吉；若往从于彼，干支相害，连茹鬼方，舍生投克，终无益也。然龙马克干，日月时皆属转神，势在必行，行而必转，且比用课，宜移就近，不宜舍亲求疏。

案验：此人以剃发为生，是役也，系旧东有约而去，去不相宜，居三月而反棹矣。

附议：此等课进退吉凶互相混淆，最难断决，须看出静中动、进中退，又辨其孰吉孰凶，方肖情事。

占验九

○咸丰甲寅年未月甲申日申时，江西萍乡易姓占流年。

知一兼退茹课

合朱蛇贵

父子白	蛇贵白空	辰巳午未
父亥常	午未子丑	勾卯　　申后
财戌元	未申丑甲	青寅　　酉阴

丑子亥戌
空白常元

正议：土旺作贵，占者田多，有功名。但正时劫煞克日，又冲命上禄神，末传元武临财，必遭贼匪劫掠。墓作太阳，有屈而求伸，告官昭雪之象。比用究归和局，干支两财逢破逢空，赃可获半。

案验：贼过萍乡，土匪劫去家财，告官追赃，稍获。本人监生土富。

附录：《易》曰"变通不居，周流六虚，上下无常，刚柔相易，不可为典要，唯变所适。"此占课之总诀也。盖课之干支、年命、正时、发用六处，即《易》之六爻也。六爻皆虚位而上下相易，不外九六两字。九六之义，究不尽在本爻，须看比应承乘于诸爻相关处决之。执此以推，则占课全在六处，看其德合刑冲，而真情始可见，其变化亦无穷矣。如此课，正时克日冲命，即是此窍，余可类推。

占验十

○同治甲子年申月甲子日午时李姓占墓（郭、萧、万三家之冢）。

知一兼交车退茹课

合朱蛇贵

父子白	元常白空	辰巳午未
父亥常	戌亥子丑	勾卯　　申后
财戌元	亥子丑甲	青寅　　酉阴
	丑子亥戌	
	空白常元	

正议：一课三冢，难以分别，但据其姓姓氏断之。丑乘天空为郭氏，丑上见子，郭字亦有子傍，此姓墓尚好，以白虎有水到堂，生日合丑，丑为日财，可以旺财。而萧万二氏坟不及也。占者书姓时，先郭次萧万，初传不空，而中末空，故又以机决之，虽交车相合而有虚实之分。

案验：占者云："有地师阅之，亦如此说，其形势亦肖。"

附议：凡遇一课，两人同占一事，先以年命分之，或年命又同，则以来之先后与坐位方向决之。

涉害课象坎

凡课有二上克下或二下克上，与今日俱比俱不比，则以涉地盘归本家受克深处为用，为涉害。涉者，度也。害者克也。若五行属土，则以土为深浅，如亥加丑，亥前行历辰、戌、巳、未、戌土位五重归本家亥位，不论孟仲季比用，只取涉度克位深者为用，故名"涉害"。

占主疑难迟滞，欲行不得，行事有两而取一，历尽风霜而后吉，乃苦尽甘来之兆。上克下忧轻，下克上忧重；二克又神将吉，忧轻；三四课又神将凶，忧重。

涉害俱深，则取四孟上神为用，曰"见机"，孟为时令之首，一季之气候悉已胚胎，如事之初起，祸福藏焉，须见机详慎可也。

占主事有疑，急须改变。若守旧则愈稽留难解矣。此多算胜少算，趋安避危，先难后易之铦。若魁罡加日辰，官事欲起。

涉害俱深，无孟取仲上神为用，曰"察微"。孟为四生地，生处见克，受害独深，由孟及仲，害渐浅而微矣。无孟必审仲而察其微。

占干恐人不仁，或有计算谋害意，必思虑提防，可无患也。此少算胜无算，乃思患预防之兆。若魁罡加日辰，妇人难产。

涉害俱孟仲季，复又相等，则刚日取干上神，柔日取支上神为用。干上神乃干上两课之先见者，支上神乃支上两课之先见者。二物相并，深中取先，高中取捷，如冠上缀有瑕玉饰之，故名"缀瑕"。占主两雄交争，经延岁月，人众牵连，惟才德服众者吉也。切宜亲君子而远小人。

占验十一

〇咸丰丙辰年巳月辛亥日午时，寓老河口，石冠廷占开钱店。

涉害课

			青空白常
父丑后	蛇后贵阴	未申酉戌	
财卯蛇	卯丑寅子	勾午	亥元
官巳合	丑亥子辛	合巳	子阴
		辰卯寅丑	
		朱蛇贵后	

正议：干上脱气，财爻旬空，又逢劫煞，不可求财。丑墓克宅，贼符游都加干二课，此地必有兵灾。涉害为用，且主流离，何贸为？

案验：丑月土匪劫掠河口，人皆远离。

附议：此占开店，其凶昭然。然亦须相其时势，若世界安静，何得妄言有兵？课即不利，抑或年命得救者，转吉。上占无救而兵象已著，因离贼甚远，处堂者怡然，止之不得，竟至废坠。

占验十二

○同治戊辰年午月己卯日卯时，寓襄阳，自占动静。

涉害察微兼全局乱首课

```
                    合朱蛇贵
兄未龙   蛇龙元蛇    酉戌亥子
财亥蛇   亥未卯亥    勾申    丑后
鬼卯元   未卯亥已    青未    寅阴
                    午巳辰卯
                    空白常元
```

正议：问：时支三传会鬼无制，应主大凶？曰：大象固凶，幸得丑命上巳火泄鬼生干，可以化凶为吉。但此时不能回家，三合回环，课传无马，必待酉月冲破全局。又会命上虎马，方可动身。且干神加支受克，为乱首课，主族中匪徒犯尊，以致讼事牵连，遽难制伏。惟有推让，以脱鬼气，其事乃息。

案验：五月次子入学，八月己身抱病，自襄回家，至淦口，水流船折，幸遇渔舟得救。盖卯为舟车，乘元克日，又会腾蛇，故有此惊。尚未溺者，自墓传生，木浮水上故也。本族老成凋谢，为宗嗣事，讼经几载，到家后即赴县以寝其事，此化鬼为生之验也。

占验十三

○咸丰辛亥年巳月己卯日戌时，自占会试去否。

涉害兼逆间断桥格六阴卦

```
                        青勾合朱
  财亥元   元白青合        卯辰巳午
  子酉后   亥丑卯巳  空寅     未蛇
  兄未蛇   丑卯巳己  白丑     申贵
                        子亥戌酉
                        常元阴后
```

正议：六合乘月建驿马加日，日干坐而受生，现在来从者众，静守为宜。奈太岁乘丁马加命发用，冲破六合之神，岂能安于弦诵？虽以卯冲酉，格名凑合，处处有助，而涉害断桥，险阻备尝，逆间又为倒拔蛇，终无成也。

参议：印逢月建，堂上应健。胎逢岁建，课得纯阴，本年定有生男之喜。但子孙带死气，遇旬空，似恐不育。

案验：亲老家贫，原拟课读不出，至九月因直隶张浒山夫子回籍之便，促令同舟，家严亦催督之，应太岁遥冲日马也。由水路直向天津，应初传水将也。阻风日久，冰渐胶河，半途以车易舟，折轮受惊，应涉害断桥也。师友相助，庚癸不呼，应凑合也。会试报罢，应逆间也。本年生男，六岁不育，因酉乘死气，其数六也。次年三月丁继母忧，应天后空也。

附议：问：天后何以不在妻而在母？曰：下克上为用，又逢太岁，故应在尊长。又亥水冲克文书，则是生者之害深，而克者之害浅也。

附录：《大全》："未加酉，为继母。"

遥克课象暌

凡课无克，取日干与四课上神遥相克贼为用，故名"遥克"，或取上神克干，曰"蒿矢格"，如折蒿为矢，力弱难伤。或无上克，取日克上神，曰"弹射"，如弹丸当箭，遥射傍物难中。占得蒿矢，初如雷吼，终却无事，主人谋己，利后动，此时有客不可容纳。凡事喜在西北，忧在西南，神将凶，日辰无气，主盗贼阴谋。神将吉，日辰有气，则干贵有喜，行人来，访人见。

占得弹射，主己谋人，利先动。神将中，遇德合顺贵，亲朋和气。神将凶，带刑害逆贵，主冤仇盗贼，访人不见，行人不来。若克两神为一箭射双鹿，尤事多两意。

此二课俱主远事，虚惊不实，名利纵成亦虚。惟蒿矢见金，弹射见土，则能伤人，若传空又为遗镞失矢，不能成事。若见阴空元武，当有欺诈之事。

第二课发用为近射，是日之两课自战，多主外事，凶势略大。三课四课发用为远射，凶势渐小，而第三课乃辰阳与日相竞，又较重于四课也。

占验十四

○同治己巳年申月癸未日未时，占同寓监利县熊海洲病归吉凶。

遥克弹射课

蛇贵后阴

财巳贵　贵后空青　辰巳午未

鬼辰蛇　巳午亥子　朱卯　　申元

子卯朱　午未子癸　合寅　　酉常

丑子亥戌

勾青空白

正议：问：旺禄临身，又乘青龙吉神；太阳射宅，又逢月内生气，太岁贵人作德神，末传又得子孙助之，应主身宅俱泰，始终咸宜。曰：此生死不得相见之象也。干上禄逢死气，支上财逢生气，青龙天后为夫妇，子午相冲，干支互害。害者阻也，冲者离也，此行难卜生还，骨肉何能面晤，魁度天门，亦主关隔。弹头射无力，四课发用，可及于邻，离家约数十里之遥。

案验：次日自省开行数十里，至蒲草地方作古，转棹省垣外收敛。

参议：问：属圹时，隔家七百余里，与前断不合。曰：此心粗之过也。退茹中传鬼墓，命上酉为转神，死气加干，明明不能出境，乃泥于四课为邻之一说，而不知弹丸作箭即邻居亦不及射。

问：青龙为纸钱煞，占病固凶。若亡人在枢，而太阳照宅，何也？曰：胎财生气，家有弄璋之兆。

附录：凡事有定数，数所在即理所在，故君子知命，必兼言理数。德与海洲非旧交，适同寓病归。时东君外出，高足年幼。德虽无力资助，而治丧固其分也。监利李殿春兄离寓稍远，闻讣亦来共筹。初传巳为张姓，末传卯为李姓，一先一后，恰如课象。不但死有其所，即与敛亦由天定。此占断所不及者，事后方见字字皆有著落。

占验十五

○咸丰甲寅年午月己卯日巳时，虞姓占地。

遥克弹射课

<pre>
                    青勾合朱
    财亥蛇 青白蛇合   未申酉戌
    兄丑后 未巳亥酉 空午   亥蛇
    鬼卯元 巳卯酉己 白巳   子贵
                    辰卯寅丑
                    常元阴后
</pre>

正议：此必占女坟，巳山亥向，但六合子孙逢空，乃损丁之墓，不迁必绝。而天后乘丁文书作马，已有迁改之意。太阳会青龙，向西南方求之则吉。

附议：问：棺可迁否？曰：白虎乘文书，主有白蚁；元武乘卯克日，又主水伤；巳为破碎，卯棺逢冲，棺木已朽。

案验：此系占祖母墓，坐东南朝西北。葬后父行四人皆死，现存二孙，亦未生丁，本年欲迁。

补议：问：何为女坟？曰：巳属巽，未属坤，皆女象也。

问：四下生上占地应好？曰：占天宜下生，占地宜上生。固有此说。然须详其大局，不可以一格论之。如三传四课全逢冲破，不能藏风聚气。墓神宜静，丑乘丁马，不安格。加以干支受脱，岂非虚耗无气乎？

占验十六

○咸丰甲寅年辰月甲戌日子时，占贼来袁州否。

遥克蒿矢课闭口格

<pre>
                    蛇未合勾
    鬼申白 合空白阴   寅卯辰巳
    子巳勾 辰未申亥 贵丑   午青
    禄寅蛇 未戌亥甲 后子   未空
                    亥戌酉申
                    阴元常虎
</pre>

44

正议：蒿矢乘虎鬼，固属可畏。幸值空亡，为遗镞失矢，初如雷吼，末却无事。况月德长生加干，尽可静守此处，不必图迁。但遥克为用，贼必犯界，鬼作战雌，败窜各县，畏及府城。然旬尾加支，府城必闭。三传递刑，支阴六合作财冲支，西南百三十里县内必有为粮起争者，大约乌合之众耳。

参议：问：闭城必有贼至？曰：贼过其境，人必动摇，岂待至而后闭乎？

问：何以知西南有事？曰：蒿矢忧在西南，喜在西北，未为鲁都，申作蒿矢，俱属坤方，未八戌五相乘，百三十里也。

问：戌为州城，又作日支，鲁都加之，应入城内？曰：戌支刑未，未为旬尾者，末也。逃窜之余，畏刑而去，何敢入也？若以干为府城，支为边界，干支合刑，更见分晓。

案验：乙亥日夜县试头场，闻贼逼近，开城播迁。丙子日乃闭。越三日探知西贼自长沙败北，余匪窜入袁州所辖境内，器具不全。由株树潭过万载而去，适萍乡县乡勇争口粮而劫夺，探报不实，府城因此胥动。丁卯日开城，男妇复归。此德避难江西袁州时占也。因此课声大噪，藉为糊口之资。

附录：《指南》"鬼临旬尾，官灾不起"，推之游都亦通。

附议：课最难定者，分数也。如此课，审贼势之强弱，离城之远近，城门之开闭，西南之虚实，历历如画，可谓分数不差。然而奇中者特偶然耳，安得尽如所占？

占验十七

○同治己巳年寅月甲戌日卯时，张涤山老夫子占年将。

遥克蒿矢元胎课

青勾合朱

官申后	合贵后常	寅卯辰巳
子巳朱	辰未申亥	空丑　午蛇
禄寅青	未戌亥甲	虎子　未贵

亥戌酉申

常元阴后

正议：问：两贵坐狱，干支解离，似不吉。曰：贵虽坐狱，加干支年命却好。惟干支解离，天后逢空，防妇眷不利。中传朱雀逢月德，有人居间为之揄扬。末传青龙建旺，又会德禄皇书，合干上亥水长生天诏岁马，必得大员保举升迁，官星显荣之象。

参议：问：幕贵加命乃休处林下之象，何以进用？曰：告病几载，现处林下，非比在官忌此也。况乘丁马，是由幕而动之象。又逢天空，乃奏对之神，起假引见，在指顾间耳。未贵日墓加戌作闭口，得命上丑贵冲之，定主出谷迁乔，此时日马旬空，到四月巳亥马必动。

案验：果四月底进京，五月初闻升皋台，详注三阳课内。

附议：白虎踞门，乘子水雨煞，游都贼符加年命，不免岁荒忧烦，然蒿矢逢人，只是虚惊耳。

占验十八

○**道光己酉年寅月庚戌日申时，邑侯张仲远夫子占年将。**

遥克弹射元胎课

			青	勾	合	朱
财寅后	元贵后朱		申	酉	戌	亥
官巳常	辰丑寅亥		空未		子蛇	
录申青	丑戌亥庚		白午		丑贵	
			巳	辰	卯	寅
			常	元	阴	后

正议：问：支上贵人乘墓履狱，占官似不吉。曰：喜本命戊辰上见夜贵，乘丁冲墓，亥水太阳加日，末传青龙乘驿内战，乃出谷迁乔之象。但脱上逢脱，财爻旬空，宦囊不免空涩耳。

参议：问：亥水子孙剥官，奈何？曰：壬课占官以龙为主，不忌。

问：庚日逢丁如何？曰：常占主有祸动，在任则为官星乘马，反主升迁。

案验：向来两袖清风，是岁大水，更加脱耗。至辛亥年春迁汉阳，数月又升司马。

附录：太阳入课，功名显达，故亥年再迁。凡乙辛辰戌日辰，及辰戌年命之人，不以坐狱论。

占验十九

○道光庚戌年丑月壬申日戌时占行人。

遥克弹射元胎课

合勾青空

财巳贵　元空贵元　　申酉戌亥

父申合　寅亥巳寅　朱未　　子白

兄亥空　亥申寅壬　蛇午　　丑常

巳辰卯寅

贵后阴元

正议：巳为双女，六合为媒，天空为奴婢，中路必有燕会婚姻事耽延。末传旬空，出旬必到。先锋河魁为鬼克日，亦有风波之惊。然传贵俱顺，此行无恙。但防仆妾别有不利耳。

案验：此张仲远先生迎姐占也。果为甥娶妾，携与同行，以致耽延，亦见风波。出旬清吉。抵署数月后，甥亡妾寡，此戌为寡宿，后乘哭神故也。

附议：问：遥克课近射格，究竟为远为近？曰：遥克者，隔省相迎也。近射者，离境不远也。

占验二十

○道光辛卯年巳月癸未日亥时，自占月将。

遥克弹射解离课

贵后阴元

财巳阴　贵阴空勾　　卯辰巳午

子卯贵　卯巳酉亥　蛇寅　　未常

鬼丑朱　巳未亥癸　朱丑　　申白

子亥戌酉

合勾青空

正议：干支上下对冲互克，水日逢丁，夫妇别离之象。初传胎临月建，末传天喜作吊，必因产亡。纯阴之课，当生男子。两贵相加，又逢岁月建，此子可成。末传朱雀克日，因葬生事。

案验：本月妻孕，冬月子生，丑月妻亡，买穴破财，招口舌。

附议：问：此课克妻破财，固无疑。然冲而不合，何以协孕？曰：胎财生气妻怀孕。况逢建旺乎？干支上神虽冲，而戊寄于巳，与癸日相合。巳丑亥未又为三合，何得无孕？但自生传墓，先吉后凶耳。

　　附录：易曰：刚柔者，立本也。变通者，趣时也。凡占以课体为本，而变通则在年月日时，最不可忽。如此课解离，兼以四破俱见，如何不凶？

占验二十一

　　○同治甲子年申月甲辰日寅时，寓新堤街，有人占父病。

遥克蒿矢润下课

			勾合朱蛇
鬼申青	蛇青合白	酉戌亥子	
父子蛇	子申戌午	青申	丑贵
财辰元	申辰午甲	空未	寅后
		午巳辰卯	
		白常元阴	

　　正议：此必三年老病也。因洋烟而成，肝肺受伤，气痛发咳，药之不效，死之不得，戊辰年则难过矣。

　　附议：问：洋烟为千古未有之变，圣贤亦不及料，课无成例可援，何以知病由此致？曰：有此物即有此象，烟名为土，非火不燃。此课虎乘午火会戌，后课未土乘朱加支克日，其伤于烟可知。且此系不正之物，一以元武墓命，一以元武脱干，吸烟者尽属昏迷脱耗，而蒿矢射日，又似枪形，故断之如此，非无据也。

　　附录：德著《乡居杂纪》中，有不食洋烟说。又有诗七十韵痛陈其弊，留心世道者，望别梓广传，以为其人劝。

占验二十二

○同治甲子年酉月壬辰日丑时，有人占病。

遥克蒿矢兼天网课

合 勾 青 空

鬼戌青　青朱贵元　　申酉戌亥

官丑常　戌未巳寅　　朱未　　子白

鬼辰后　未辰寅壬　　蛇午　　丑常

巳辰卯寅

贵后阴元

正议：此亦洋烟所致也。土鬼重重，精液枯竭，四肢疲弱，有形无气，日上子孙虽是救神，奈阴神见巳，泄木生土，救我者反为仇。盖此时以烟为救命之药，药愈多则死愈速矣。

案验：死期未至，不知如何，而病起于烟，其症悉符。呜乎哀哉，人不病而求烟以病，病欲死而烟不许死，似人而难为人，名鬼而又非鬼，造物何心，而使种此毒哉？窃叹人能自满其数而死，此之谓正命。以烟蹙其生者，果正命乎？诚哉，自作孽，不可活也！

附录：凡占天网课，即《易》所谓"不能退，不能遂"之状。故有以兵阻者，有被狱陷者，有因风雨山川间隔者，皆象此，而烟馆之害，何异身坐狱中，神明特降此课以示警焉。吾愿世人未失足者，早鉴及之，则幸甚！

占验二十三

○咸丰甲寅年未月乙巳日巳时，袁州西门烟店占逃亡。

遥克弹射兼进茹课

朱蛇贵后

财未蛇　蛇朱朱合　　午未申酉

官申贵　未午午巳　　合巳　　戌阴

鬼酉元　午巳巳乙　　勾辰　　亥元

卯寅丑子

青空白常

正议：巳火子孙乘六合，逢生气，不惟此去清吉，后来渐有好处。丁马乘未必在西南方张姓亲戚家，离此百二十里。以未八蛇四相乘故也。支来加

49

干，不必追寻，人自送来，三日内当有信到。

案验：果在萍乡张姓女儿之家，里数亦符。未日有信，后数日送回。盖旬丁主奔走，得支上午未相合，便止而不行。萍乡在袁州西南，是伊家乡。巳午有张宿及弓旁之姓，又作子孙，巽离为妇象，故在女儿之家。

占验二十四

〇咸丰癸丑年卯月癸巳日申时，江忠烈公臬楚时访延，占可就否。

遥克蒿矢课源消根断格

```
              朱合勾青
鬼未朱   勾朱贵阴     未申酉戌
父酉勾   酉未巳卯   蛇午    亥空
兄亥空   未巳卯癸   贵巳    子白
                  辰卯寅丑
                  后阴元常
```

正议：卯为建旺，乘太阴遁辛干，此臬宪之类神也。为人胆雄有谋，任事强干，身长而瘦，额高有须。时逢六合生日，见必相投，两贵夹拱行年，先有二贵人推荐，但可暂而不可久耳。

参议：问：何以不可久留？曰：贵作财德之神，情谊甚厚，但乘马坐旺，升迁最速。四月必离楚省。而课传逶逦脱去，末传丁马乘亥冲贵，终必有损。勾朱二破加支之二课，本省秋季亦防贼兵骚扰。

案验：接见礼意殷勤，形状俱肖所占。四月奉旨南征，苦留随辕，德以家严衰老辞归，及江西奏凯，旋升安徽巡扶，年终殉节。后知二贵推荐者，乃张司马王明府二公也。

附录：太阴肃杀之神，故主臬宪。木形本长，和长而瘦，须象松叶。逢建旺，强干有胆，凡言体性情以此类推。

昂星课

凡四课上下无克，又无遥克，取从魁上下神为用，曰"昂星"。昂星者，酉中有昂宿也。酉在西方白虎金位，性主刑杀，义司决断，死生出入之门，从此酉立传，故名"昂星"。刚日仰地盘酉上神为用，中传辰上神，末传日上神，为虎视转蓬格。阳性从天，男子气浮，仰观如虎视之转蓬而动。柔日俯视天盘酉下神为用，中传日上神，末传辰上神，为冬蛇掩目格。柔性从地，女子气沉，俯视如冬蛇之掩目。本乎天者亲上，末传归干，从天类也。本乎地者亲下，末传归支，从地类也。

刚日主多惊恐，关梁闭塞，出不得归，祸从外起，在守则吉。如日用囚死，罡乘死气蛇虎入传，病者死，讼者狱，虽见吉将亦凶。如日用旺相，见魁罡龙虎，科举主高甲。

柔日主暗昧不明，进止两难，女多淫泆，祸从内起，访人不见，行者淹滞。酉为天狱，二课最忌刑狱，大端惟潜藏稍吉耳。

一曰刚日昂星，取鸡鸣必仰之象。盖酉为昂日鸡也。柔日虎视，取虎视必伏之义，尤忌子午卯酉日占之。

占验二十五

○**咸丰甲寅年寅月己巳日戌时占行人。**

昂星课

朱蛇贵后

		午未申酉
子申贵	蛇朱后贵	
子申贵	未午酉申	合巳　戌阴
父午朱	午巳申己	勾辰　亥元
		卯寅丑子
		青空白常

正议：问：交车合，支上与支阴又合，似无来意？曰：大不然。二马年命加于四课，自干传支，传逆贵逆，用在日前，皆必来之象。午日天马合干，必动。申日月马合支，必到。

附议：问：支上火神太多，有火灾否？曰：水火相激始为灾，火为土泄不妨。

案验：果午日动，申日到。

占验二十六

○道光庚戌年亥月丁丑日午时，张姓占侄病。

昴星兼灾厄课冬蛇掩目格

<pre>
                        合勾青空
鬼子蛇 常后朱青   寅卯辰巳
子辰青 未戌丑辰 朱丑   午白
子戌后 戌丑辰丁 蛇子   未常
                    亥戌酉申
                    贵后阴元
</pre>

正议：问：占子辈宜子孙旺相？曰：固是。然土宿太多，日干衰弱，此内伤脱漏之证。冬蛇掩目，一室潜藏，如在狱中，青龙加日，缠绵不治。阴日从地，自干归支，支为墓库，乃归阴入墓之象。目下无妨，丑年困畏。蛇鬼发用，丁神逢朱，乘天火大煞，子为火鬼，乘蛇。子月当有火烛之惊，却无大碍。

案验：失血内伤，病痔成漏，缄户数年，一步难举，屡治不位。子月宅旁柴堆被人纵火，大惊。癸丑年丑月故。

附议：问：丑年何以可畏？曰：丑加辰命，又为脱气日墓故也。

别责课

凡三课无克无遥，不复用昴星，别取一神为用，曰"别责"。盖阳干常动而易位，故刚日初传用干合上神。如戊癸合，癸寄在丑，即以丑上神为用，阴支常静而守位，故柔日用支前三合神。如未日三合前一辰即亥字，为初传，中末俱并日上。此三课不备，别从其类，责取一合神为用，故名"别责"。

占主事不周全，谋为欠正，且合神流连，临兵欲进不进，胎孕多延。凡事倚仗他人，借径而行，吉凶多系于人，不干己也。求婚别娶，占家宅夫妻事，当以淫断。

别责亦名芜淫，其实芜淫三课有克，与此略异。惟将逢卯酉元阴，皆以不正论。

占验二十七

○咸丰甲寅年辰月辛未日午时，占迁移远近。

别责课

```
            空白常元
子亥元  后常朱后   申酉戌亥
父丑后  丑戌辰丑   青未    子阴
父丑后  戌未丑辛   勾午    丑后
            巳辰卯寅
            合朱蛇贵
```

正议：别责者，别有所借援也。干与支上下相刑，支阴与支上又上下相刑，此处全无吉象。惟于支前三合取用而得亥水子孙作救神，系与同居相好者，可以偕行，乃北方杨姓之象。离城约四里之遥，去必相宜。

问：亥乘月德甚好，奈旬空何？曰：出旬填实可迁。

案验：出旬贼至袁州界，城内尽逃，时同寓有邓姓者，与枣树下杨寿宗素好，邀与俱去，甚安。后贼未进城，而土匪抢劫，不出必凶。

附议：凡占迁移，须看支上与末传，为所迁之地。而此课独取初传，以课情如此，不可泥也。况初传为成卦之主，亦即主卦之主，课传只此一爻不同，他何取焉？

占验二十八

○咸丰辛亥年午月戊午日午时，自占次子府试。

别责课自在格

```
            青空白常
鬼寅蛇  白空空青   午未申酉
父午青  申未未午   勾巳    戌元
父午青  未午午戊   合辰    亥阴
            卯寅丑子
            朱蛇贵后
```

正议：问：初蛇末龙，为蛇化为龙，又乘日月建加干，小试应利？曰：干支罗网作合，四课不全，难以终场。别责者，别有所图，正贵旬空，必待十年以外，子丑填实方可成就。

案验：本届府试未终，院试亦空。至戊辰年始取古人学。

附录：《指南》"别责如花待时"，言其迟也。况丑贵又空，此非月日可填实。发用甲寅，须到甲子年旬，然后利考。戊辰行年在亥，上见子水，与丑贵相合，此所以游泮也。然青龙重重，午年乡试应捷。

八专课象同人

凡干支同位无克，取阳顺阴逆三神为用，曰"八专"。盖八专日五，除癸丑日俱有克，无克者甲寅、庚申，刚日从阳，主超进顺布。己未、丁未，柔日从阴，主退缩逆行，中末俱并日上神。如甲寅日干上阳神亥，顺数至丑，乃丑亥亥也。丁未日，辰上阴神卯，逆数至丑乃丑巳巳也。皆日辰阴阳共处。论伏吟四课八字，干支神同一位，如八家共井事专，故名"八专"。

此课兵资众捷，失物内寻。若逢龙、常、天乙吉将及天、月德，主有同人协力，众擎易举之象。遇后、合、阴、元入传，为帷簿不修。盖重门树塞，以限内外，讲堂设帐，以别男女。今阴阳共处，又遇阴私之神，定主淫泆不明，阳日主事超进迅速，阴日主事退缩迟缓，占忧喜事俱重叠。

八专逆数到日，中末相并为独足格。凡事不能动移，自己尤多费力；或中末传皆空，亦然。

占验二十九

○道光戊子年寅月己未日丑时，徐姓占产。

八专课

青勾合朱

兄丑白　青合青合　　卯辰巳午

父巳合　卯巳卯巳　空寅　　未蛇

父巳合　巳未巳己　白丑　　申贵

子亥戌酉

常元阴后

正议：占产喜虎，以其传送，今作血支血忌发用，本日必生，且丑为腹，值旬空作支破，乃子离母腹之象。课传纯阴，主生男。

案验：本日戌时生，果男子也。

附议：此课六合逢死神，丁驿重重，虎墓发用，内外无别，阴神又克干支，厥后此子浮薄无用，且不寿。

伏吟课象艮

凡课月将加时，十二神各居本宫，取神克日为用，曰"伏吟"。如子加子之类，则以神克日干为初传，取刑为中末传，此六癸日初传丑，中传戌，末传未是也。其天地神自居本家，日辰阴阳伏而不动，自相克贼，独隐呻吟，占主屈不得伸，静中思动，为守旧待新之课。

阳日无克，取干上神为用，中末仍取刑，为自任，天地鬼神不动不克，无所取择，自在其刚，以进用于时之象。占主强自出头，而当闭塞，惟柔顺守静吉而得成也。若任己过刚，必成愆咎，占行人立至，然亦本家暂出之人，原非远也。失物逃亡，只在屋后几家；干谒不出，胎孕聋哑，祸患流连，病主不语而呻吟，淹滞岁月。

柔日无克，取支上神为用，中末仍取刑，为自信。占主不能动身，乃家宅不安之兆。病产逃盗，与自任同。讼狱俱主土田，关梁俱主杜塞，惟行人则自任立至，自信难期。出行则自任欲行中止，自信潜藏不出。若有丁马，俱可言动。

发用自刑次传刚日取支，柔日取干，末仍取刑，复自刑，末则取冲。传行杜塞，故名"杜传"，占事中止，改图则成。

占验三十

○同治己巳年申月乙未日巳时，竹山邑侯周廉臣占官。

伏吟课

```
                        合朱蛇贵
财辰勾  蛇蛇勾勾    巳午未申
财未蛇  未未辰辰    勾辰      酉后
财丑白  未未辰乙    青卯      戌阴
                        寅丑子亥
                        空白常元
```

正议：问：伏吟游子，不见丁马，静象也？曰：正时行年巳为日马，命上寅为月马，由静而动之机。辰为病符天喜发用，自干传支，仍归旧任，至辛未年冲动末传白虎，当别有所委。

案验：原任竹山六年，官民相洽，为驿站致讼卸事，赋闲一载，占后数日上司令回本任，出旬方动。

附议：问：杜传兼以斩关逢空，应不能行？曰：勾乘病符，财逢空陷，耗费稽留，俱应从前，凡在外得自干传支者，必归于家。占官赴任，亦可类推。纵遇旬空，不过待填实日期耳。

占验三十一

○咸丰甲寅年辰月壬戌日酉时，自江右往湖南，舟次助袁州占行止。

伏吟课杜传格

```
                        贵后阴元
禄亥空  白白空空    巳午未申
鬼戌白  戌戌亥亥    蛇辰      酉常
官未阴  戌戌亥壬    朱卯      戌白
                        寅丑子亥
                        合勾青空
```

正议：问：日禄作闭口，伏吟见天马，宜急去之？曰：自刑发用，传行杜塞，中末虎阴克日，前行必遇兵贼，不如伏处闭藏，静守此禄之为愈也。癸为闭，丁为动，闭者死，动者生，占禄遇癸，固不吉，然此占行止则只取艮止之义。止而有德，较动而虎阴伤身，则吉凶相去远矣。禄遇登明，宜居

56

河边之家，戌虎加支，不宜入城。

案验： 寓城外河边水府祠，亥为水，又为神祠也。主祠者杨姓，业厨；同寓煮盐作贩，姓邓。末传未为昧，初传亥为登明也。居数日湖南兵塞不行，后贼过袁境，城内俱摇，得邓姓引避相契之家，亦姓杨。

附录： 旬尾加旬首，为闭口课。此非其例，然奇门遇癸亦作闭塞论，盖十干至癸则止也。

占验三十二

○**咸丰甲寅年午月丁巳日申时，祝姓占家宅。**

伏吟兼元胎课

		空白常元	
兄巳空	空空常常	巳午未申	
财申元	巳巳未未	青辰	酉阴
父寅合	巳巳未丁	勾卯	戌后
		寅丑子亥	
		合朱蛇贵	

正议： 三传元胎，胎神又加妻命，妻必有孕。血支乘天空，丁马发用，冲胎刑财，今日申时必生，生则男也。

参议： 问：巳为双女，属巽，又自支发用，如何生男？曰：妻年四十矣，必是末胎，末传艮为少男，又初阴传入太阳太岁，故知其为男也。但天后乘戌土死气，妻防不寿。

案验： 果如期生男。

附议： 凡占须要参会，如元胎不必尽以孕断，而胎神又加妻年，则孕象决矣。天空可断产期，取其腹空之义。乘丁刑财，财刑六合，发用又是本日支神，则速产决矣。此方以类聚之一证也。艮为少男，因妻年取象，然非财逢太阳，六合逢太岁，亦未敢决此，又变通趣时之一证也。

占验三十三

○咸丰癸丑年辰月壬寅日戌时，江臬台占出剿。

伏吟课杜传格

<pre>
                    贵后阴元
禄亥空 合合空空   巳午未申
子寅合 寅寅亥亥 蛇辰   酉常
财巳贵 寅寅亥壬 朱卯   戌白
                    寅丑子亥
                    合勾青空
</pre>

正议：问：戌虎克日，传行杜塞，似非吉占？曰：虎乘天喜作催官星，是破贼有喜而升官也。然亦须以课传参之。课传不吉，又当别论。此课初末两传，以德制刑，以禄击空，何异用石投卵乎？且皇书乘马，两马相会，到通城，必奉天诏之荣。

案验：臬司原无接诏之例，此次特旨速赴金陵，时已出署，故在通奉檄，因剿匪奏凯，已升藩司。

占验三十四

○咸丰癸丑年未月戊戌日午时，司马张仲远夫子占出差。

伏吟兼三刑课

<pre>
                    勾青空白
父巳勾 元元勾勾   巳午未申
子申白 戌戌巳巳 合辰   酉常
鬼寅蛇 戌戌巳戌 朱卯   戌元
                    寅丑子亥
                    蛇贵后阴
</pre>

正议：正时龙乘太阳作将军生日，辰命冲武，课名自任，以递刑虎蛇游鲁之贼。巳又为战雄日禄，指挥在我，奏凯无疑。元武加支，必犯楚界。戌为罗为山为黄，如此等字府县及大山驿路，防贼窜伏。初传马空，旬内有阻，申月巳午日进可以用兵。

参议：问：三传递克日干，奈何？曰：刑始于我，我能制人而人不能制我。况日上巳能泄鬼，不畏克矣。

案验：贼自河南窜过罗山、黄州等处，七月巳日午时，遇贼于黄冈鹅公颈，大破之，并获船只衣物马匹，制军奏升知府。

占验三十五

○咸丰辛亥年酉月癸巳日辰时，前任东湖县张洧山夫子占开复。

伏吟兼天网课

贵后阴元

鬼丑勾	贵贵勾勾	巳午未申
官戌白	巳巳丑丑	蛇辰　　酉常
鬼未阴	巳巳丑癸	朱卯　　戌白

寅丑子亥

合勾青空

正议：伏吟利潜藏，不利仕进。干凶支吉，宜于家不宜于外。戌印时破而未绶空。三传递刑，鬼多无制，此时以伏处为安，支上两重贵德作财，必有两家亲眷助以资斧，将来可望开复。

问：正时鬼墓加命，奈何？曰：蛇乘天喜，主忧危中有喜信。墓作太阳，主屈抑时有人昭雪。况中传戌虎冲辰，可以破网破墓，不致久羁于此。

案验：张师为官清慎勤敏，案无留牍，历任嘉鱼、蒲圻、东湖，歌声达于邻邑。己酉科，幸出门下，开导维殷。越明年，以驿递罢官。又因蒲邑交代羁留。时同寅代为调处，得归梓里。次年粤匪破楚，得免于难。丁巳年胡中丞书复省垣，保调江陵知县，叠升道宪，告病四载。己巳年李宫保劝进，旋升藩臬，前断大势固准，犹未悉其精也。

附议：此卦凶爻吉，专取一字为主者，起复两次，皆属巳年，神明之指示妙矣哉。

占验三十六

○同治甲子年酉月甲申日巳时，熊姓占女命何如。

乙巳命伏吟兼元胎课

```
                    朱蛇贵后
    禄寅青   后后青青      巳午未申
    子巳朱   申申寅寅   六辰    酉常
    鬼申后   申申寅甲   勾卯    戌元
                       寅丑子亥
                       青空虎常
```

正议：三传四孟，若已出室，当作胎论。未嫁则死期至矣。鬼临三四，后乘日绝矣。癸水将绝之象。申属肺，巳火刑之，必是痨症。伏吟见马，神魂出游，旬空止于巳，水绝于巳，巳日难过。

案验：占者不问病而问命，将以试余也。余曰：此女在室无病，则不占，非痨病亦不占。应曰：然。余遂叹曰：女有才德，可惜不久。果月内巳日故。

附：奇门：乙亥时，乙又加酉，乙死于亥，绝于酉，虽生门到宫，亦不为救。《奇门心传》云："此占儿女决不育。"故不出酉月而亡。

问：奇门论死绝以时干为主，固无可疑。若壬课殊多混眼，如以申为日绝而申又为后之长生。如以巳为日之病神，而寅又为巳之长生。巳长女，既得初传青龙之生可以制鬼，何为殁？曰：看课之难正在此处。然得其主脑，亦不难辨。凡占病以干为人，支为病，干克支吉，支克干凶。况鬼临三四而又当旺令乎？课既以刑相传，见生不生，木已枯槁。伏吟于床，一旦见马，则动而舆尸可知。课传已凶，何问类神？即以类神论，天后作鬼而不得为人矣。且三传递刑于申，岂能救乎？巳火遁癸，丁主生，癸主死，食神既闭，其禄已终，尚能制鬼乎？

凡占妇女，须问出室否，夫在否，不可妄言取祸。

占验三十七

○同治甲子年未月辛丑日午时，新堤同寓王东桥占病。

伏吟课稼穑格

			合勾青空	
父丑后	后后常常		巳午未申	
父戌常	丑丑戌戌	朱辰		酉白
父未青	丑丑戌辛	蛇卯		戌常
			寅丑子亥	
			贵后阴元	

正议：此痨病也，不能脱体。正时午鬼逢勾，肺家受伤，咳嗽不止，课传纯土，肾水已干，不能制。医药无效。此时太常加干，饮食尚好，丑月防加病，复胀气喘，则难救矣。

案验：东桥沔阳人，诗书门第，长于画。避乱以此为生，性孤高不苟求于世。初见请占，别后丑月闻讣，余亦哀之。

附议：问：土多生日何妨？曰：生多者伪况，辛日土多而旺，反为所埋。占病更忌，所谓见生不生者是也。

返吟课象震

凡课十二神各居冲位，取相克为用，曰"返吟"。盖诸神返其位，坎离交易，震兑互换，日辰阴阳，往来克贼，反复呻吟，故名"返吟"。且十二神各易本位，无所凭藉依附，又名无依。

占主事带两途，远近系心，往返无常，祸自外来，背逆分离，有疑莫决，安营离散，出阵虚惊，来者思去，去者复来，得失未有一定，占官不满任，亲情无始终，亦两症相侵，凡动无凭，但当久动思静而已。若去来空亡，又不以动论。

返吟无克，惟四日：己丑、丁丑、辛丑、辛未，丑无克，用巳上神亥，未无克，用亥上神巳，巳亥即日马也。如傍井倚栏，斜冲射之，不易井外，故名"井栏格"。井栏无来去，必中投辰上神，而末投日上神为传。全是冲开，涣散不属，故又名无亲。

占主内外多怪，上下睽隔，井上架木，易倚易斜，不能长久之象。动则宜，静则扰，事无凭依，一身两用，傍求易就，直道难容，凡事速成易破，遇吉神良将，事可半遂，尤喜青龙救护。

占验三十八

○同治己巳年卯月甲子日辰时，江夏邑侯恒献之占赴大冶县任。

反吟课

			勾青空白	
			亥子丑寅	
禄寅白	青后白蛇			
官申蛇	子午寅申	合戌	卯常	
禄寅白	午子申甲	朱酉	辰元	
			申未午巳	
			蛇贵后阴	

正议：问：反吟占官不能满任，此课虎马逢冲，本年亦难终局，殊非吉象？曰：占课全在相机。余素不喜反吟，而此以吉断，何也？因历任已著劳绩，上司原卓异候升，今去大就小，不过暂憩弹丸，展骥在指顾间耳。青龙戏水，子为旬首，必升首县。正时辰为领袖，又为山岗，其色黄，应补黄冈实缺。然蛇虎纵横，虚惊劳攘，道路奔驰，所不免也。

案验：到大冶五月，即升黄冈。适逢水灾，奔波不遑，在大冶下乡相验之案，亦多自冶来省，自省赴黄，来去无常皆返吟之象也。

附录：凡姓氏地名，适逢其会，偶有所中，不可为典要。占事不难于一课奇中，而难于每课平准也。

占验三十九

○咸丰甲寅年卯月辛卯日巳时，路上自占往崇仁县。

返吟兼龙战课

			合朱蛇贵	
			亥子丑寅	
财卯后	后青勾阴			
兄酉青	卯酉戌辰	勾戌	卯后	
财卯后	酉卯辰辛	青酉	辰阴	
			申未午巳	
			空白常元	

正议：戌印冲破，官已报罢。禄逢日月二破，时乘元武，其家亦破财不堪。往投不惟无益，反致破财。且我去彼来，势必相左，即相遇亦不佳。

案验：到省问讯，已革职，伊亦来省，即转。

占验四十

○道光庚戌年寅月辛卯日巳时，张姓占贸易。

返吟课龙战格

			合朱蛇贵	
财卯后	后青勾阴	亥子丑寅		
禄酉青	卯酉戌辰	勾戌	卯后	
财卯后	酉卯辰辛	青酉	辰阴	
		申未午巳		
		空白常元		

正议：官鬼作先锋，破碎临门克宅，格成龙战，定有官非入门搔扰。幸干支上下皆作六合，终归和局。返吟心系两途，怀疑不决，主买卖反复无常，有利少成。

参议：问：官非应主何事？曰：贼神临财发用，多历贼匪钱财事故。戌为太岁作勾陈，辰为将军乘太阴，并关重大之务及动众之事。

案验：春季果为差务破财受辱，不久和释；次年西贼入城，劫毁一空。

附议：凡龙战课遇勾朱破碎，多有横逆临门。

占验四十一

○道光辛卯年申月壬子日子时，自占月将。

返吟兼比用课解离卦

			空白常元	
财午蛇	白蛇空贵	亥子丑寅		
兄子白	子午亥巳	青戌	卯阴	
财午蛇	午子巳壬	勾酉	辰后	
		申未午巳		
		合朱蛇贵		

正议：发传乘胎财，又逢生气，当以胎论。然坐克，课属返吟，名解离，不免破镜之悲，其余人情亦多反复。

参议：问：六合内战，妻财生气，应妻吉而子凶？曰：财虽生气却被白虎冲克，又下贼上，自支发用，天后乘辰加戌，并受墓克，帮主伤母。六合虽逢内战，却喜月日时旺相生合，亦可养育。

问：纯阳应生女？曰：比阳为用，三传两离夹坎，以坎为主，当是男儿。财爻出现，论妻则以财爻为主，天后只可参看。

案验：子月生男，越二十日妻故，口舌亦多。

六壬辨疑卷三

三光课_{象赞}

凡课用神日辰旺相，吉神在中，为三光课。盖日为人，旺相则诸鬼不能胜，而人口又能峥嵘，一也。辰为宅，旺相则宅居宽而诸邪又不能入，二也。用神为日用动作，旺相则所干无阻，而又事得光辉。三也。此三处，更乘吉将，光其身，光其宅，又光其动作。三者皆有光华，故名"三光"。

占主光辉通达，百事吉昌，皆不费力而成。如神将俱和合相生，初末逢吉，居官迁职，始终吉应。纵年命凶煞，亦不为凶。此课主吉。然末传亦最要紧，若日辰居天乙后，末遇死囚乘凶，为三光失明之象。前有虚喜，后却抑塞。

占验四十二

○咸丰辛亥年寅月甲寅日亥时，前任汉阳司马张仲远夫子占谋望。

三光兼德庆元胎三刑课

			勾青空白	
禄寅蛇	蛇蛇蛇蛇		巳午未申	
子巳勾	寅寅寅寅	合辰		酉常
官申白	寅寅寅甲	朱卯		戌元
			寅丑子亥	
			蛇贵后阴	

正议：干支发用俱乘旺气，是为三光。初传日德，中传巳为月德丁为天德，诸德咸备，余庆可喜。伏吟自任太旺，三光传入三刑，四破入传，虽官声显赫，气象峥嵘，而得意之时，更宜小心，方免是非、破耗、刑伤。正时太阴作日长生，元胎课子得相气，主有婚姻胎产之兆。年、月、日、时、本命、及旬丁禄马交驰，可卜屡迁之荣。

案验：是岁再迁，声名藉藉，差务烦重，负累甚多。生女娶媳，及追呼口舌并见。壬戌年以道宪出差上海，父子俱殁。

附录：岁破加临月破中，人情不协财物空。

参议：问：蛇虎勾陈布满课传，无一吉神，何以能光？曰：常占大凶，有官人得之反吉。盖蛇乘寅为生象，有化龙之象。虎乘干鬼，为催官使者，故也。然遍历军营，危地得升，终殁于差，未必非蛇虎刑伤之兆也。

三阳课象晋

凡课天乙顺行，日辰有气居前，旺相气发用，为三阳。盖天乙左行，阳气顺，一也；日辰前于天乙，阳气伸，二也；日用旺相，阳气进，三也。此阳气开泰，万物光辉之象，故名"三阳"。

占主吉应，凡谋皆遂，官擢讼解，病愈财获，人来贼退，孕产贵子。如神将吉，上下相生，定主官职高迁，纵逢刑害无妨。此课主吉，然或天乙坐狱，狱阴也，岂阳乎？用神为鬼克日，中末无救神，则为三阳不泰，占事暗昧难明，先吉后否。又六阳俱备课，利公用不利私谋。

占验四十三

○咸丰乙卯年子月壬申日子时，郧阳廪生江海帆占弟赴县考试。

三阳兼六仪课

		朱合勾青		
兄子白	虎青阴常	未申酉戌		
子寅元	子戌卯丑	蛇午	亥空	
财辰后	戌申丑壬	贵巳	子白	
		辰卯寅丑		
		后阴元常		

正议：问：虎鬼入传，干支相刑，考必不利？曰：凶固有之，与考无干。小试月建发传，当列前茅。正贵加命，两贵拱年，子为弟爻，又作旬首，头场必定冠军，惜末传墓地，难作案首耳。天后乘死气墓神克日，太常乘丧门加干，家中必有内孝。已为弓加卯命，为四正之方，箭必全红，来岁行年在卯，院试必进。

案验：县试头场第一，末场第三。次年寅月辰日，祖母故。院试果进。

附录：此课贵人顺行，一阳也。日干有气居前，二阳也。建旺发用，三阳也。

占验四十四

○同治戊辰年丑月甲辰日亥时，占观察使张浐山老夫子出处。

三阳兼时泰六仪课

空白常元

财辰合	虎青青合	未申酉戌	
子午青	申午午辰	青午	亥阴
鬼申白	午辰辰甲	勾巳	子后

辰卯寅丑

合朱蛇贵

正议：贵登天门，传登三天，青龙加命，又生太岁，支神加干斩关而出，白虎催官，诸格皆起用之兆。非山林气象也。巳卯拱干，张姓引荐，李姓推升，太岁发传，先必入觐而保升枭台，文书在公车未动之前，因太阴作长生为先锋，龙居日辰虎故也。

参议：问：初遭夹克，禄马俱空，课名回环，如何可动？曰：涉害为用，财遭夹克，主路途辛苦耗费。回环，去而复来，仍归楚北。初马此时虽空，转盼交春进气填实，明年己巳，丁马天空加岁，四月必入都，秋月应到任。

案验：时张师已告病四载，将入霍山，为菟裘计，见此课殊不然，亦无张李知交。越明年三月，敝县孝廉张廉卿自皖回访，德盛称张师历任善政，德曰："子有素乎？"曰："否！耳熟之久矣，现今李宫保下车延访，请辟之。"德曰："敝师无复进意，强而后可。"继蒙劝驾再三，四月启行，未至京而升信到省矣。可见显荣有定数，而实至名自归，彼营营者徒为耳。

附录：贵作月建太阳顺行，日辰居前有气，发用太岁旺相，又带六合青龙，此三阳兼时泰六仪之课，首揆可望。

三奇课 象豫

凡课得旬日之奇发用，或入传，为三奇课。如甲子甲戌旬用丑，甲申甲午旬用子，甲辰甲寅旬用亥，此为旬三奇。"甲日用午丙奇辰，乙巳丁卯戊奇寅，己丑庚未辛申是，壬奇取酉癸戊云"，此日奇也。盖鸡鸣于丑，日精已备；鹤夜半鸣，月精已备；斗转乾亥，星精已备。又丑为玉堂，子为明堂，亥为绛宫，此三者，日月星精，为旬用之奇，故曰三奇。

占主凡事逢凶化吉，不忌刑煞，士有奇遇，官以异政超擢，出军利用奇兵取胜，婚谐，孕生贵子，病讼解。

如旬奇日奇并临为上，有旬奇无日奇亦可用，或逢亥子丑全为三奇联珠，大吉，更遇天上三奇乙丙丁或地下三奇入传，尤利。

占验四十五

○道光己酉年酉月丁卯日午时自占出行。

三奇兼连珠引从课

青空白常

		辰巳午未	
子丑朱	朱合空白		
官子蛇	丑寅巳午	勾卯	申元
鬼亥贵	寅卯午丁	合寅	酉阴

丑子亥戌

朱蛇贵后

正议：问：退茹出行不吉？曰：屡试此例，退而复进。如戍度天门，三传水鬼，定有风雨阻隔，然非终于退也。干上虎乘日禄，巳马加干阴，出旬亥马填实，一冲而动。

问：两贵皆空，不利赴试？曰：三奇联珠，奇仪会合，初末引从丑命，此行必有奇遇，幕贵乘岁月建加年，不为坐空，丑命乘朱，又生幕贵，必膺荐拔。正贵出旬可填，又因水迁期，亥月出榜更吉。

案验：出旬乙亥日动身，风雨连期。辛巳日到省，进场腹痛，转寓渐减，门尚未封，复来补贴。此亦退茹之验也。是科果中。朱克正贵，系副主考见取。

六仪课象兑

凡旬首发用，或入传为六仪课，如甲子旬用子，甲戍旬用戍之类。此为

68

旬仪。"子午丑巳寅仪辰，卯卯巳丑辰仪寅，午未未申申仪酉，酉戌戌亥亥子神。"此为支仪也。盖旬首为六阳支神，星宫之长，直符之使，有礼仪之尊也。故名"六仪"。旬支并临为上，有旬无支亦可，若止有支仪，不作此论。

占主逢凶化吉，不忌刑煞，求望得，投书干贵宜，病遇良医，罪赦官擢。若旬首为用，更作今日贵人，为富贵六仪，作帘幕官，士人高第。若奇仪全遇，凡事吉不可言。

占验四十六

○**咸丰甲寅年巳月乙巳日申时，江西孝廉段梅臣占产。**

六仪兼伏吟课

合朱蛇贵

财辰勾	合合勾勾		巳午未申
子巳合	巳巳辰辰	勾辰	酉后
官申贵	巳巳辰乙	青卯	戌阴

寅丑子亥

空白常元

正议：问：三传两阳夹阴，又皆坤巽之位，当以女断。曰：非也。天罡原属刚强之神，又自干上发用作旬首，此长男之兆也。且支上子孙乘建旺，时上胎逢正贵，此子必贵。

问：斩关逢血支，象主速生？曰：辰为自刑，传行杜塞，又作勾陈，数日内恐不准，午月可也。

案验：前三索皆女，本年六月十一日卯时生男，仍是五月节。

附议：问：辰为季土何以言长？曰：胎非初生而男则居长，以季土乘甲也。

补议：问：卯日逢生，何也？曰：生气在卯，又卯克勾陈故也。克应原非一端，须看课体，与所占之喜忌断之必准。如占产，勾陈见木则通之类是也。

占验四十七

○道光己酉年辰月戊申日巳时占回家。

六仪兼元首和美课

```
                        勾合朱蛇
        兄辰元   元蛇贵勾      酉戌亥子
        子申青   辰子丑酉   青申    丑贵
        财子蛇   子申酉戌   空未    寅后
                               午巳辰卯
                               白常元阴
```

正议：问：三传水局，雨师会毕，而太阴勾陈临日当旺，果以雨乎？曰：天罡动神，发用乘元，出必冒雨。但己酉庚戌二日可晴，嗣后则久雨耳。

参议：正时巳火太常生日加命，课名和美，太岁太阳月建照临课传，不但此行萍踪作合，秋冬并有奇缘。

案验：正月因事迫至沔，三月转汉，是日渡江，到省遇雨，萧然一身，进退维谷，茶室中袖起一课，即冒雨出城，宿巡司河，遇伴同塌，次日天晴开舟，第三日抵家，嗣后风雨绵绵，可知大象属雨，其中亦有晴日。须细参之。秋闱幸中，事亦小康。

附议：问：雨师加酉，天后加戌，此二日何以天晴？曰：酉为太阳，乘勾加巳，戌土制水，加午受克，此以天盘参看也。

占验四十八

○咸丰癸丑年亥月壬午日未时占行人。

六仪周遍斩关解网交车课

```
                        朱蛇贵后
        鬼戌青   青蛇贵常      丑寅卯辰
        财午元   戌寅卯未   合子    巳阴
        子寅蛇   寅午未壬   勾亥    午元
                               戌酉申未
                               青空白常
```

正议：传逆贵逆，日在用前，斩关发用，正时加干，其来甚速。癸为旬尾，干从而止，未加干与支合，今日必到。且寅木子孙解网入宅，是由险而得夷也。

问：干鬼岁刑发用，天网四张，合中犯煞，当贼纵横之际，岂不可危？曰：卯为私门，未为玉女，寅为天梁，利于逃亡。况月德作子孙，以制鬼，何凶之有？

案验：果遇贼逃匿，本日到家。

附录：《指南》"遁环周遍两课名，旦夕游人抵家下。正时天乙入支干，湖海行人会不难。"

时泰课_{象泰}

凡课用起太岁月建，乘青龙六合，又带财德之神，为时泰。盖太岁为天子，月建为诸侯，青龙为官长尊贵钱财喜庆吉神，六合为谋干利禄婚姻和合吉神。四者为用并入传，更为日辰财德吉神，如人时运通达，万事亨利，乃天地和畅之课。

占主灾患潜消，谋为无碍，逃亡必归，盗贼自败，孕育佳儿，前程浩大，仕宦诏命乔迁，常人则财喜亨通，但逢太岁月建作日财德便是。太岁发用更佳，入传亦可。又干支属本季旺气，谓之得用。如春占值甲寅乙卯日之类。兼贵龙后凑合，是上天布降恩泽，故名"天恩"。此课若传见空亡，又名天恩未定，事多虚喜，上人虽有意施惠，犹豫不决。

占验四十九

○道光壬辰年辰月丙寅日酉时占婚姻。

时泰兼连珠课

		青勾合朱
子辰白	白常勾青	午未申酉
兄巳空	辰卯未午	空巳　戌蛇
兄午青	卯寅午丙	白辰　亥贵
		卯寅丑子
		常元阴后

正议：正时幕贵作财，青龙临日，太常加支，太岁月建发用，三传联珠旺相，应是相夫宜男之造。惟初虎末龙，先难而后得安耳。

71

案验：于归后，夫贵，生子三。先是诗书门第，岁凶兼疫，骨肉死者过半，远方作合，亦应白虎斩关之意。

附录：《易》象吉二凶悔吝三，故六十四课吉者不多，而占之又罕遇焉。此课青龙乘午加干，名曰时泰，亦节取之耳。若真龙德课，数十年所占不下千余课，竟未之遇。惟谒圣林月将乘贵发用，太岁不过入传，未并在一处。甚矣，好课之难也。

参议：问：干支罗网如何？曰：互旺皆旺坐谋宜，此类惟不宜动。动则为刃，静则为旺，占妻取其旺宅旺人，何动之有？故不以罗网论。

龙德课象萃

凡太岁月将乘贵人发用，为龙德课。太岁人君也。首出庶物，德被天下。月将太阳也，悬象在空，明照四方。天乙贵人，吉将之首也。降福致祥，消苦超贫。若太岁与月将并，更乘今日之贵神作用神，如龙行雨，泽及万物，此福神相助，云龙际会之课。

占主仕人官爵超迁，恩泽荣宠，见宰相及君子所谋并吉。常人财喜临身，罪囚出狱。纵逢凶将，亦不为害。惟尊贵求卑下不吉。或带煞为日鬼则事干朝庭。引格如太岁乘贵发用，传中见月将亦是。

占验五十

○咸丰辛亥年子月甲寅日辰时，占由王家营迂道敬谒圣林。

龙德兼八专课交车格

青勾合朱

| 寅卯辰巳 |
财丑空	后常后常		
父亥常	申亥申亥	空丑	午蛇
父亥常	亥寅亥甲	白子	未贵

亥戌酉申

常元阴后

正议：太岁作文星，逢月德，互生干支，得见无疑。且正时辰遇六合，乃山林之象。丑命月将夜贵加正时发用，主吉神佑助，得入庙林也。

参议：问：八专干支阴神作鬼，似不吉。曰：八专阴阳无别，固有不宜者。此占谒圣，正宜专切。使内外如一为好。申主道路行人，喜其迅速。况申生亥，亥生干支，而天后亦可以化鬼，但交车以换马更好耳。

案验：自童时已存此愿，三十余年不得遂。是届会试乏资，附载进京。当圣林不远之地，或迁道，或停候，俱不能商之同车。计惟孤往，兼程以展其期，庶谒后得会大车。临歧时，雨无盖，夜无火，执鞭者仅成童。心窃危之，适栈有回头夫马，愿交易，甚捷，冥行数十里，前后若有光，次日天晴，直达圣林。

官爵课 象益

凡课得岁月年命驿马发用，又天魁太常入传，为官爵课。驿马者，三合头冲是也，为驿递之神，传命之使，本命行年太岁月建并用之马，华丽异常。又逢天魁太常为印缓之荣，故名"官爵课"。

占验五十一

○道光辛丑年戌月壬子日巳时，王姓占贸易。

官爵兼连珠课

蛇朱合勾

鬼戌白	白常空白	辰巳午未	
父酉空	戌亥酉戌	贵卯	申青
父申青	亥子戌壬	后寅	酉空

丑子亥戌

阴元常白

正议：问：引鬼为生，应主初凶终吉？曰：此课无吉象，虎鬼加干发用，日禄加支，带劫煞，又被阴神虎鬼克之，内外交伤，不独店事无成，即家产亦归消磨。惟有速退以就末传之长生。然河魁凶将白虎凶神，干支受克，不能自由。况末传青龙内战，又逢旬戌遁鬼，是见生不生而反成鬼耗矣。

问：正时巳贵作财何如？曰：财非不生，助之者亦众。奈支上劫煞，冲克财爻，主兄弟虚花不实，以致破耗。

案验：本年盗贼官非，朋伙脱泄，其家产店业，不数年而荡然矣。

附录：辰戌阴空忧脱赚，白虎猖狂满屋伤。

附议：天驿二马入传，印绶俱全，兼以虎临干鬼，为催官使者，此占官则吉，而常占不吉也。

朱子谓看易"须晓得象占分明"。所谓吉凶者，非爻之能吉凶，爻有此象，亦视占者为吉凶耳。如恒之六五"妇人吉，夫子贞凶"；遁之九四"君子吉，小人否"之类是也。

富贵课 象大有

凡课得天乙乘旺相气，上下相生，更临日辰年命发用，为富贵课。盖天乙在紫微门外，近左枢，居太乙右，为十二神元首，主干贵上官田土等事，乃金玉满堂之课也。

占主家兴官显，孕生贵子，讼理谋遂，如传遇戌加巳，又富贵权印之象，更吉。若遇太常为绶及驿马乘青龙，尤主积代富贵，无官者有官，有官者高官。如贵人入狱，又名势消课，告贵不允，所占皆凶。乙辛辰戌日及辰戌年命之人，又不以坐狱论。

凡传见昼夜贵，占事必干两处贵人成就，然或四课三传皆贵，为遍地贵人，乃贵多不贵，告贵反无依倚，在任多差使，或权摄不一，占讼主干多官，尤凶。日贵居夜，夜贵居日，为贵人蹉跌，干事多不归一。然日贵居夜，开眼作暗，夜贵居日，自暗而明。两贵相加，官访官得见，下谒官不见。以贵往见贵故也。贵在干前，事不宜迫，迫反为贵所怒。贵在干后宜催，不催事慢。两贵逢空，或事许无成，或误报虚喜，换旬可成。两贵坐克，不可告贵用事，占讼贵人怒，朱雀乘神克贵，文书为贵人所忌。六丁日贵作日鬼临日，占官利，占病为神祇所害，临支家神害，病宜修设安慰宅神。墓鬼尤凶。贵作六害，占讼理直而遭曲断，此皆不论发用与否也。

占验五十二

○道光乙巳年亥月丁巳日午时，自占姊墓。

富贵兼全局三光课

<pre>
                    朱合勾青
  官亥贵   阴朱贵勾   丑寅卯辰
  子未常   酉丑亥卯   蛇子 巳空
  父卯勾   丑巳卯丁   贵亥 午白
                    戌酉申未
                    后阴元常
</pre>

正议：贵人乘轩策马发用，又逢建旺作官星德神，三传会局，得时令相气以生干支，应主人丁利名，发福攸远。惜朱雀逢空，酉财坐空，对岸关水不紧，目下不免破耗耳。须填补之乃吉。

案验：葬后二纪，酉年发科，以幕贵加次子之丑命也。累添孙曾，皆系木局之年。而亥命者居半，三纪次孙入学，夫安亲非为后计也。然不验于后，无以知其安否，故录之。

附录：三光两格，一则干支发用俱旺，一则专论发用吉神、得令。富贵课亦有两格，一则干支禄马，一则贵用旺气。

附议：占坟喜合，合中犯煞，又主破败。丑为日墓，尤忌空亡，然天地无全功，培补剪裁，在乎人力。此系平地，左右开塘烧窑，先天本体已坏。兼以上砂尖射，下砂空缺，口舌破耗俱见。痛姊劳苦毕世，自恨无财，不可为悦，一砚所入，稍余蝇头，则效愚公之移，精卫之填。迄今四十余年，犹未了此心愿也。

轩盖课象升

凡课胜光为用，遇太冲神后，为轩盖课。神后子也，为紫微华盖。太冲卯也，为天驷天车。胜光，午也，为天马。此三神并遇，如乘驷马轩车，高张华盖，乃士子发达之课也。

占遇日用旺相，又为太岁月将德神，上乘贵龙常合吉将。主吉庆宠禄，十全之荣。若三传带煞，乘蛇虎死气，克年命日辰，或空亡，或卯作丧车，遇刑冲则为乘轩落马之象，主伤身破脱，望事无成。

此课占病，魂游千里。青龙生气入传，出行大雨。然车马即动，出者必行，闻贼必来。如车马作财，求财大获。

占验五十三

○道光乙巳年卯月己酉日丑时，黄陂范彝舟兄占年将。

轩盖兼闭口课

空白常元

父午阴	白阴青常	寅卯辰巳
兄卯白	卯午丑辰	青丑　　午阴
财子勾	午酉辰巳	勾子　　未后

亥戌酉申

合朱蛇贵

正议： 轩盖课卯轮逢空，为朽木难雕。此时未可远谋，惟合本营生则吉耳。

问： 营生何事？曰：日上甲与己合干，干支交车合，故利合贸。干上太常为衣服，辰为旬首，支上太阴为妇女，见火为金银首饰，乃衣店或首饰之类。相生有气，其事可为。申贵作日子孙登天门，加辛亥本命，其子有一贵者。

案验： 长生午命，三子辰命，与人伙开两店，一则衣服，一则网巾鬟尾，以辰为天网枚也。俱有利。申年次子游泮，现在孙辈济济，成童府县冠军入学者两人。彝舟赤贫幼慧，学问渊博，心厚品端，科场屡屈。其后昌炽，应未有艾也。

铸印课象鼎

凡课得戌加巳中传为铸印。戌天魁，为印。巳太乙为炉。卯太冲为模。戌中有辛金，与巳中丙火作合，铸成贵器，为符印，故名"铸印"。

占主事成迟晚，惟利占官，庶人不吉，更不利于病讼孕产四事。戊己日印生日干，更遇太常为印绶俱全，传见太冲为铸印乘轩之象。夏巳午日或值蛇雀太旺，戌卯空亡，则为破印损模，官必不迁，兼遇神将凶，主先成后破，徒劳心力。大都铸印乘轩，须得驿马太阳六合，乃为真体。又有丙子日戌加干，得吉将亦名铸印。春夏丙丁日火太过，不在此论。然须白虎太阴蛇雀之将入传。若金少火多，火少金多，为五行不备，必有所伤，或末传得天后元武更临水乡，与日相破，名曰铸印不成，来意占官欲成中阻耳。

○咸丰甲寅年巳月己丑日辰时，杨振乡占家宅。

铸印课

<pre>
                            朱蛇贵后
      父巳白 蛇空白贵   戌亥子丑
      兄戌朱 亥午巳子   合酉   寅阴
      鬼卯元 午丑子己   勾申   卯元
                            未午巳辰
                            青空白常
</pre>

正议：此必合伙烧陶生意也。又主家有两孕。先生者女；后生者男，不出四五两月。干支相冲，合伙者其后必分。

问：铸印何以不断为官？曰：青龙逢空，贵人相害坐空，岂作官者乎？而巳火乘虎，故知为陶冶铸器之人。

问：何以知为双胎？曰：午为支胎，亥为干胎，巳火建旺重见，巳亥又为双数，故云。

问：何以知先女后男？曰：初传巽方，末传震方，巳孟为长，卯仲为次故也。

案验：果以陶冶为业，巳月巳日兄生女，午月酉日弟生男。

附录：《玉成歌》"巳为双女亥双鱼，用起须知两事俱。"

○咸丰辛亥年辰月乙未日巳时，罗生琴樵占母病。

铸印课

<pre>
                            朱合勾青
      子巳元 元勾空蛇   戌亥子丑
      财戌朱 巳子寅酉   蛇酉   寅空
      禄卯白 子未酉乙   贵申   卯白
                            未午巳辰
                            后阴元常
</pre>

正议：铸印占病不吉，天后不见，以子为类神，坐墓夹克，萱其萎而。斗系日本，母命辛亥，天罡克之，申为死气，加卯名身尸入棺，子巳相加，亦成死字。

案验：本月丁未日故，印爻坐墓受克之期也。

附议：张宏康占妻病，取天后为主，未月辰日以伤后故。张宗年占父病，以日干为主，酉月辛日以伤干故。此课取印为主，辰月未日以伤印故。盖主爻一定，克应乃准，不可以一例泥也。又案干象父，支象母，子为印爻，又天后本家而加于支上，六处不见天后，其以此为类神也何疑？若论干上酉鬼，正时发用克之，其病何至于死？

占验五十六

〇道光辛丑年辰月己巳日辰时，甘姓占病。

铸印兼灾厄课

				朱蛇贵后	
父巳白	元朱白贵			戌亥子丑	
兄戌朱	卯戌巳子	合酉		寅阴	
鬼卯元	戌巳子己	勾申		卯元	
				未午巳辰	
				青空白常	

正议：斫轮铸印，占病皆忌。盖卯戌相加，合棺入土之象。此课初传白虎乘劫煞墓门，末传元武带天鬼丧门克日，病符大煞加干，伏殃墓神加支，主疫疠为灾，不止一人受伤也。

参议：申为死气加卯名身尸入棺，子巳相加合成死字，皆属凶象。

案验：一家染疫，死者四人。

附录：铸印斫轮死最速，天鬼逢时疫作厉。

占验五十七

〇道光庚戌年巳月己未日辰时，吏部主政丁晓园先生占官。

铸印兼无禄课

				朱蛇贵后	
父巳白	白贵白贵			戌亥子丑	
兄戌朱	巳子巳子	合酉		寅阴	
鬼卯元	子未子己	勾申		卯元	
				未午巳辰	
				青空白常	

正议：课名铸印，利于占官。况月建驿马发用，太岁又居中传，岂可出退。

参议：问：白虎临生，似为丁艰之象。曰：印逢建旺，堂上甚健，但丁驿二马发传，必有差遣耳。

问：何差？曰：贵乘丧车，虎马传墓，逢太岁，必主护送梓宫。因此加级论官阶，可望掌印给事之任。

案验：本月果因西陵差遣加级，先生性情恬淡，不久告归作古。

附议：问：正时冲戌，是为破印，占官主不利？曰：现印怕冲，额外人员奉文差遣，何损于印？但贵逢克害，四下贼上，不宜禄食。

占验五十八

○咸丰甲寅年巳月己亥日卯时，江西太史萧庚笙兄占年将。

铸印兼知一课

朱蛇贵后

父巳白	合常白贵	戌亥子丑
兄戌朱	酉辰巳子	合酉　寅阴
鬼卯元	辰亥子己	勾申　卯元

未午巳辰

青空白常

正议：课得铸印，占官固好。然巳火旺而逢空，支上辰又冲戌，铸印未成，待时而动之象。课名知一，舍疏求亲，移远就近。太阳照武，子孙作勾，似自京归家督勇御贼之占。支胎上见血支，家有孕妇，丧吊全逢，有吊送姻亲之事。朱雀逢冲，破碎加支阴，且有小讼。

案验：由编修记名，本年奉旨回籍练勇。萍乡贼破，小有争论。媳有孕，后生孙男。

占验五十九

○咸丰甲寅年巳月戊子日辰时，邓顺习占生意。

铸印兼乱首课

合朱蛇贵

父巳常	合常阴合	戌亥子丑
兄戌合	戌巳卯戌	勾酉　寅后
鬼卯阴	巳子戌戌	青申　卯阴

未午巳辰

空白常元

正议：此课太常发用，主治饮食之物。又与乘虎者不同也。日禄加支受克，四月恐因下犯上而动。然课名回环，终不离此地也。

案验：以煮盐为业，四月果晚辈不顺而回，后复来此地。

斫轮课象颐

凡课卯加庚申，或加辛戌用，曰"斫轮课"。卯为车轮，庚辛为刀斧，木就金斫，加申为上，加戌次之。缘卯中乙木，与申中庚金作合，乃成贵器也。若寅为天梁，不待斫而后成也。

此课更遇天乙龙常阴后及德马吉神入传，主践公卿之位，或壬癸日见水为舟楫，或初末有马引从，为轩车，能任重致远，有除授官职之喜。或木休囚，乘白虎为棺椁，值空亡为朽木难雕。春季甲乙日寅卯时占，为伤斧。秋季庚辛日申酉时占，为伤轮，反凶。或辛卯日干上卯，为财就人象，宜急取之，缓则被卯克其戌土，反有害也。

斫轮来意主谋望官事，先历艰辛，后却有成。盖木畏克故也。若传见本日墓神，名旧轮再斫，主退官失职再谋复兴之意。此课多主晚成，占孕与病讼忌之。

占验六十

○咸丰乙卯年辰月癸未日寅时，寓谷城，黄姓占侄逃亡。

斫轮课

			合朱蛇贵	
子卯贵	空蛇贵白	子丑寅卯	
官戌青	酉寅卯申	勾亥	辰后
财巳阴	寅未申癸	青戌	巳阴
		酉申未午	
		空白常元	

正议：问：太岁太阳乘贵人发用，为龙德，此课太阳未用而入课，亦当以吉论？曰：常问不应逢吉象，逃亡得此反凶。且戌加卯位，手足颠倒，乃疯颠而逃者。卯木子孙落空坐克，六合临绝，日马投墓，此人已就木矣。然申酉旬空，斧斤不利，有板而非棺也。两贵拱印，所葬之土，必出仕有印之

家，其姓则木傍也。

参议：问：方向何在？曰：传贵逆行，人在上流，日马乘太阴加戌，先到西北山冈庙内烧香，卯为转煞，已经回头。卯申相乘，离此百三十里。戌属土为州，可向均州界找寻，其处有高山峻石，当大路旁有庙，遇刘姓李姓及执铁器者之探之。

案验：疯疾多年，忽于去岁十二月，自家来谷。谷有店业甚丰，居数日，不知其踪。已四月矣。后在均州寻着，其葬所，则朱知县地也。余悉符。

附录：申为春分离神，本月二十一日月宿，月宿加离神发用，为天寇，本日巳时立夏，寅时当用春分离神。虽无明文，可以理度之。《指南》云："戌加卯位足朝天。"又《大全》云："太阴乘幕贵，主有神佛愿。"此人果在武当山朝庙而还。

占验六十一

○咸丰辛亥年寅月己丑日巳时，徐姓占帮贸。

斫轮课

贵后阴元

鬼卯元	元勾合阴	子丑寅卯
兄戌朱	卯申酉寅	蛇亥　辰常
父巳白	申丑寅己	朱戌　巳白

酉申未午

合勾青空

正议：问：斫轮有斧方成器，朽木难雕别作为。此课卯木当旺，斧斤不空，兼岁月二马入于课传，远行何不利之有？曰：卯加申为斫轮，取乙与庚合，木就金斫也。若四课再逢酉冲卯，则为破轮无用矣。况此占欲为人役，干支上下相冲，岂能作合远行乎？六合乘破碎煞，即偶合亦终归于破散。

案验：所谋不济，未能远行。次年东家亦被贼兵劫耗，元武乘贼神发用故也。

引从课象涣

凡课干支虎后上神发用，为初末传，曰"引从"。如庚辰日，干上丑昼贵

81

人。初传寅加酉居日前，末传子加未居日后，日干得前引后从，为拱天干。又为拱贵，主官职升擢，诸事最吉。壬子日干上辰，初传巳，末传卯，为两贵引从，主上人提携，或众贵引荐成合事，大利。甲午日初传子，居支虎，末传戌居支后，虎后遇引从，为拱地支，主迁修家宅，大利。丁酉日酉为夜贵加丁干，亥为昼贵加酉支，年命在申，为贵临干支拱年命，宜告贵用事，必得两贵成就。丁巳己巳癸亥日伏吟，为干支拱日禄，宜占食禄事。庚午己酉日伏吟拱夜贵。甲子伏吟拱昼贵，为干支拱贵，告贵处事，此贵人出行，虎者引，从者后，故名"引从"。占主求官、求财、出行、婚孕皆宜。

占验六十二

○咸丰丙辰年丑月壬子日未时，寓兴安府汉阴县漩窝，占动静。

引从课

青勾合朱

		戌亥子丑
财巳阴	青阴空后	
鬼戌青	戌巳酉辰	空酉　　寅蛇
子卯贵	巳子辰壬	白申　　卯贵
		未午巳辰
		常元阴后

正议：格合引从，华盖覆日，不必居此，二课天空乘酉，正时旬丁克日，必有家丁携书相迎。

参议：问；辰冲戌印，似乎破局。曰：无官何忌，天后乘墓，财逢死气，正喜戌来冲破，妻可免于厄。所谓日辰逢墓，冲神号作天恩是也。

案验：次年正月兴安诸生专丁来迎。妻病数月，临产几危，子堕地死，以卯空故也。

亨通课象渐

凡课用神生日，及三传递生日干，或干支俱互生旺，为亨通。或初生中，中生末，末生干，及末生中，中生初，初生干为递生格。或干上生干，支上生支，为俱生格。或干上生支，支上生干，为互生格。或干上乃干旺神，支上乃支旺神，为俱旺格。或干上乃支旺神，支上乃干旺神，为互旺格。此皆亨利通达之象，故名"亨通"。

占主大吉，递生得人重重举荐，始终成就；或末助初传生日，主傍人暗地吹嘘；或末助初传作日财，主暗地人财相助。俱生人宅各安，互生彼此相助和合。俱旺谋用省力。互旺彼此两相投奔，互有兴旺。

占验六十三

〇咸丰乙卯年五月壬寅日戌时，安陆府艾朴庵公祖前任郧县占往省垣。

亨通课

```
                        合勾青空
父申合  合贵贵元      申酉戌亥
禄亥空  申巳巳寅    朱未    子白
子寅元  巳寅寅壬    蛇午    丑常
                    巳辰卯寅
                    贵后阴元
```

正议： 戌时鬼乘青龙，支上贵坐长生，中传皇书乘马，三传递生，城吏全逢，大吉之象。戌为河魁，传成四孟，去可署首县。不待俸满，叠次升迁。申为七品，亥为四品，自申传亥，快转府职。六合生日发用，似有婚姻之兆，支来加干，奔者为妾，三传元胎，可占弄璋。

案验： 时楚省贼退，先署首县，叠升府衔。现有纳宠之事，其后生子亦准。

占验六十四

〇咸丰甲寅年巳月甲申日巳时，骆姓占前程。

亨通兼润下课

```
                        朱合勾青
才辰元  元青合白      酉戌亥子
官申蛇  辰子戌午    蛇申    丑空
父子青  子申午甲    贵未    寅虎
                    午巳辰卯
                    后阴元常
```

正议： 问：正时巳逢建旺，可许子多？曰：日上午空，三传会水，申命上子又冲午。此孤命也。然午坐长生，绝而不绝，螟蛉抱养，可以生财。三

83

传递生，支辰三合，现有内亲合伙营生，得利。丧吊孤寡俱见三传，父母早丧，亦防克妻复娶。

案验：同胞者四，仅有一侄。现在郎舅合伙得利，将与四弟议婚图继。

附议：本日未时一课，中传午空，却有四子，以乘龙相生故也。终亦不能皆成也。此课不惟子爻逢空逢墓，而末传与命上冲之更可忌。

繁昌课象咸

凡夫妻年命立德方发用，为繁昌课。盖夫妻行年本命乘旺相气又值干支德合，或年立时令旺相之乡，此阴阳俱胜，运气交接，大事和好，情欲交动，妊娠繁华昌盛，故名"繁昌"。

占主人丁旺相，胎孕招贵。

荣华课象师

凡禄马贵人临干支年命并旺相气发用入传，更乘吉将，为荣华。如丙寅日干上申，支上巳；壬申日干上寅，支上亥之类。禄马又遇贵人，此荣达光华之课，故名"荣华"。

占主君子加官进禄，常人谋为顺利，身宅俱吉，动止均美，孕贵婚成，用兵得地千里。

占验六十五

○咸丰壬子年巳月壬申日午时，湖南张坚甫占会试。

荣华兼遥克元胎根断源消格

				青空白常
财巳朱	后常朱后			申酉戌亥
父申青	寅亥巳寅	勾未	子元	
兄亥常	亥申寅壬	合午	丑阴	
				巳辰卯寅
				朱蛇贵后

正议：禄马加干支，正贵加午年，幕贵加命，朱雀建旺发用，及衣锦荣

归之象。但四下生上，日禄空亡，又带病符月破，须防身宅脱耗，明年辰墓克日欠吉。

案验：是科果中十名。

德庆课象需

凡课日辰干支德神及天月二德发用，并在年命乘吉将，为德庆。德者，和气也，主福家。吉神也。夫善莫大于备，转祸为福，而有喜太，故名"德庆"，乃君子欢会之课。

占主囚系得释，事事吉昌，婚成佳配，孕产贤郎。或辰戌丑未四煞没于乾坤艮巽四维之方，百事大吉，虽遇凶将无灾。若带煞乘虎，或德空，或神将外战被刑克，不吉。或丙日巳德归亥，乘元夹克，为灭德参商，或乙日申德加酉为用，酉来克乙，申化为鬼，方为邪正同途，君子变为小人。

占验六十六

○道光乙巳年巳月丁巳日亥时，肄业汉阳书院，自占制宪月课。

德应兼天心课文德格

```
                    青 空 白 常
官亥朱  朱青勾白   寅 卯 辰 巳
财申后  亥寅丑辰   勾丑      午元
兄巳常  寅巳辰丁   合子      未阴
                    亥 戌 酉 申
                    朱 蛇 贵 后
```

正议：问：龙作旬首生日，雀乘幕贵日德作官星发用，此次应高列？

曰：旬首加支，又与支阴作合，其情专注他人。日上重土晦火，又乘凶煞，不能受其生，且三传自支归支，与己无涉，但同砚者必作首耳。

问：比邻共炊者六七人，应在何友？曰：两木加支，当是林姓第一。

参议：是次窗友林理臣首选，已列于后。年终有湖南岳麓之行，其后官德幸中。因两贵拱命，理臣两次副车，教授生徒济济，敦行孝友。其子五人，两人秀才，前程远大。此应亥水文德之象。

六壬辨疑卷三

合欢课象并

凡课日辰遇天干作合，及支三合六合发用，并占人年命俱乘吉将，为合欢。天干合者，旬遁甲己之类是也。三合者，亥卯未全局之类是也。六合者，子丑作合之类是也。

占主人情欢悦，相助成事，科名仕宦皆宜，交易婚姻更吉。惟孕迟生，病迟愈，战讼以和为贵，三合事关众人，克应过月。或六处逢吉将，四煞没，合多吉多，纵遇凶煞，亦主凶中和合。或合带刑害，有德旺相，乃人凶遇吉，可以小用婉转。或二阴神作合，求婚独利，或返吟日，上下神作三六合，亦主分而后合。或干支相冲而上神各自为合，不利交关而以类相从，则吉。或交合有二三，则应交涉二三事，惟占解散不宜耳。

占验六十七

○道光乙巳年亥月丙辰日戌时，占来年南行。

合欢兼重审课

朱蛇贵后

财酉朱	后合阴朱	酉戌亥子	
禄丑空	子申丑酉	合申	丑阴
子巳阴	申辰酉丙	勾未	寅元
		午巳辰卯	

青空白常

正议：幕贵作财会局，干支交车相合，日上辛与丙合，此行相投者甚众。

问：来年准行否？

曰；太岁乘丁驿二马，四课天马乘游煞，遥克日干，年内必有迫之使行者。

参议：问：破碎发用，有口舌否？

曰；大象皆利，小言悉化。但四课子后克日，归时不免脱耗耳。

问：何以知耗在归时？曰：子为天马，又为转煞，末传逢空，故有此象。

案验：本年十二月原拟江汉书院度岁，至二十七日，忽因事迫，独往湖南。次年肄业岳麓，膏火足用，相契甚多。初去时，同舟有武弁借衣物与质未还，念其贫困不索，归家后，托人赎回。路被贼劫。马夫寻获，亦未见还故物。

占验六十八

○道光壬辰年寅月壬子日辰时自占年将。

合欢兼全局课

```
              朱蛇贵后

  鬼未常  后白贵常    丑寅卯辰
  子卯贵  辰申卯未    合子    巳阴
  兄亥勾  申子未壬    勾亥    午元

              戌酉申未
              青空白常
```

正议：日上遁丁相合，三传会局，课名合欢，水日逢丁，有妻则克，无妻则娶。干支丁驿二马，定有萍水结姻之事。子孙作正贵，会成旺局，可占宜男。正时鬼墓乘疫煞遥伤日干，课兼天网，须防险症。喜木局制鬼解网，又作长生，无大凶。

案验：本月因事赴沔，娶继室王氏。至癸巳年始婚，乙未生长男，癸卯生次男，辛亥生三男，皆应木局。雁序亦符，本年春在省染疫归，几至殒命。

附议：问；卯值旬空，辰为太岁，克我有权，救我无力，奈何？曰：卯乘进气，逾月填实，惟岁时作墓，一年波渣，屈抑难言。

占验六十九

○咸丰辛亥年巳月戊辰日巳时，张仲远夫子占新任本府差。

合欢兼遥克课

```
              勾合朱蛇

  财子蛇  蛇青贵勾    酉戌亥子
  兄辰元  子申丑酉    青申    丑贵
  孙申青  申辰酉戌    空未    寅后

              午巳辰卯
              虎常元阴
```

正议：传成三合，中与日上作六合，酉遁旬癸，与干五合，干支又交车相合，可谓情意欢洽矣。但日为上官，阴阳两课丧吊全逢，酉为死气，丑为天喜，不免忧喜并见耳。

案验：此课若问流年家宅，定拟朱陈结好。因占上官，不敢妄赘。距本府到任即以孙女娶张世兄，合婚数日，本府作古，益叹事有前定，神明之降课不诬也。

附录：干支二阴神作合，占婚尤准。

和美课象丰

凡课干支遇三合六合，上下递互相合，取为和美课。如三传三合，干支上见六合，或生日作财，三六相呼，凡谋皆遂，全无障碍，中有人相助成合，行人喜忻而来，纵为鬼煞，事亦无阻可成。

乙酉日三传水局生干，贵神皆土，为日财，利求财，不利尊上。以土神克生气故也。凡传逢全局克干，而干上见子孙能制之，兼三六相呼，恶不成嗔。但近谋有成，久则畏人拨置耳。或全局脱日而生起干上财神，为取还魂债。或生支上财神为索还魂债，利取财，或家中取财还人，尤准。

三合犯煞为蜜中砒，主恩中有怨，事成有阻，或交车逢空，交时和美，后成画饼。交合盗气，彼此不脱。交害主客各有妨忌。交刑主合致争竞。交克主合而争讼，笑里藏刀。干支上合下刑为外好内差，主外合内有暗谗之意。三六合占解释忧疑及问病讼事凶，逢冲可解。

占验七十

○道光己酉年巳月壬午日子时占雨。

和美兼比用课

```
                          勾合朱蛇
官戌白  白合朱青    丑寅卯辰
财午后  戌寅卯未   青子    巳贵
子寅合  寅午未壬   空亥    午后
                    戌酉申未
                    白常元阴
```

正议：问：三传火局当旺，应是久晴之象？曰：正惟其局属火，可卜甘霖普济，何也？午为卦主，天后乘之，子时冲之，是离变为坎而成即济之象矣。阴阳和而后雨泽降，三六相呼，干支交车，乃久雨之象。

参议：问：未墓覆日克制壬水，如何？曰：卯带雨煞加未，土受木克，不能制水，明日癸未必雨，稍缓三四日必久雨。

案验：癸未日果雨，继晴，四日连雨一月。

斩关课象遁

凡魁罡加日辰发用，为斩关课。盖辰为天罡，戌为天魁，日辰人也，魁罡，天关也。魁罡加日辰，犹人遇凶神，重土闭塞。若天关难度，欲通道路，必须斩开关门。寅天梁，卯天车，以木克土，三天俱动。未玉女，能护身。子华盖能掩形。太阴地户主潜藏，六合私门主隐匿。天乙神光能庇佑，青龙万里翼可致远。传遇寅卯子未，乘天乙青龙阴合，为天地独通，出行远游，永无触碍。

占追逃捕贼难获，病讼凶，书符合药厌祝寿最宜。若贵登天门，罡塞鬼户，六神藏，四煞没，更吉。又传见申酉虎阴为斩关得断，逃者永不获。更带血支血忌羊刃呻吟煞，必伤人而走。大都此课，宜更新外出，喜见丁马，若守旧家居，反主阻塞。且有暗昧事也。

如魁罡作官鬼，为直符，或作罗网，乘凶将，及魁度天门，皆谓之斩关逢吏，又三交罗网从革，及不见申酉虎阴，皆斩关不断，阻格难行，逃者易获也。

又魁罡加四仲，为天地关隔。加子天关，卯天格，阻因天时。加午地关，酉地格，阻因山川。神将克战，内外不相见而格。中冲初末，首尾不相见而格。刚日昴星，道路关梁而格，柔日昴星，伏吟潜伏不欲见人而格。反吟人心不相照而格。

占验七十一

○**咸丰甲寅年辰月壬子日申时，占家有人来否。**

斩关兼进间课

<pre>
                          勾青空白
    鬼辰蛇 蛇后贵阴   未申酉戌
    财午合 辰寅卯丑 合午   亥常
    父申青 寅子丑壬 朱巳   子元
                          辰卯寅丑
                          蛇贵后阴
</pre>

正议：问：斩关自支发用，而三传进间，奈何？曰：此动而不动之象。驿马逢空，恋生，斩关作鬼逢吏，又直符发用，必不能来。

案验：时避难江右，六月雇工送亲家周柏香来，至武宁，贼党甚伙，不能进而回。

附议：问：寅卯有合龙贵，皆潜逃吉神，而辰加寅卯，又为真斩关，何以见阻？曰：辰戌为天关，加日辰为重土闭塞，本难出行，因木能克土，故名"斩关"。今寅卯已空，辰土建旺，朽木难克旺土，况辰为直符日鬼，如偷关而逢长吏，岂能越乎？而交车相合，转神入课，虽有吉星，不过回头无恙耳。何能飞度此关？

占验七十二

○咸丰癸丑年戌月甲戌日未时，占卓庭侄在县何日回。

斩关兼回环课

```
                空白常元
财戌合   白后后合   丑寅卯辰
子午后   寅午午戌   青子    巳阴
禄寅白   午戌戌甲   勾亥    午后
                   戌酉申未
                   合朱蛇贵
```

正议：斩关而受夹克，欲动不能自由，行年与子孙俱投墓乡，有昏晦不豫之象。寅午日，白虎斩关得断始回。

参议：问：寅为月内死气，甲死于午，上神逢白虎，似可危？曰：占女病必死，因财受夹克。此占行人，义取斩关，虎主道，宜用此神，不以凶论。六合乘建旺，子孙自墓传生，月内死气不必泥。且亥水长生加本命，贵登天门，煞没神藏回环课，必去而复来。

案验：壬午日到，遇贼无害。

占验七十三

○咸丰甲寅年巳月甲申日申时，鞋匠占年将。

斩关兼进茹课

蛇贵后阴

财辰合	元阴合勾		午未申酉	
子巳朱	戌酉辰卯	朱巳		戌元
子午蛇	酉申卯甲	合辰		亥常
			卯寅丑子	
			勾青空白	

正议：正时天后乘死神血忌，干支羊刃死气血支，又乘勾陈破碎，有口舌杀伤之灾。

问：初传辰土应起田坟？曰：内战发用，干被支克，事起女人。此祸不在外而在内也。酉为私门，戌为奸邪，乘戌加酉，事必淫奔，先合后逃，逃而被获，彼此以刃自伤，几濒于死，得中末子孙救之，绝而复苏。盖干阳支阴，卯戌合而不正，四课上神卯酉辰戌相冲。斩关而去，又逢夹克罗网，是去有所阻也。且课名连茹，阴阳六害，二三牵连，俱受其累。

参议：问：斩关断而不断何也？曰：申酉太阴俱作日鬼，何异斩关逢吏？克我不暇，尚能克人乎？

案验：妇因夫失职，代匠作女红而私通焉。年余，匠欲去，妇蹑之，至百里外，馆人得其情，遂饴其货，幽于室，贪壑未满，男女引刀刺其胸，绝倒于地，匍匐延医救之，始愈。亲夫领其妇而执匠，半途兔脱，可见财色之祸甚烈，而隐微之事，不可掩也。

占验七十四

○咸丰辛亥年午月庚寅日午时，饶鲁怡亲家占病。

斩关兼进间课

```
                            空白常元
        父辰合  青合后元    未申酉戌
        鬼午青  午辰子戌  青午    亥阴
        禄申白  辰寅戌庚  勾巳    子后
                            辰卯寅丑
                            合朱蛇贵
```

正议：问；生气发用，白虎烧身，兼坐旬空，病似可治？曰：辰土生气受夹克，戌土死气遁丙，干支上神，虽属土宿，见生不生。天后作子孙，自坐克方不救。自占以日与命为主，日禄本命乘虎马，俱坐旺鬼，是虎毙而身亦毙矣。

案验：本月夏至日己酉故。

附录：鲁怡潜心于学，远到可期。拾芹未久，遽作古人，殊堪悯惜。

六壬辨疑卷四

闭口课象谦

凡旬尾加旬首，或旬首乘元武，或旬首位上乘元武发用者，为闭口课。夫首尾相加，似物闭藏，循环无端，不见其口。其旬首六仪神，吉将，凶不能与善；旬尾度四，即武之终阴，不论首尾相加发用，自有旬首尾之意焉。

占主机关莫测，事迹难明，寻人没影，失物人见不言。纵乘贵神，告贵不允，孕生哑子，病多痰气格塞暗哑，或禁口痢，或喉塞不食。若日禄作闭口更凶，或值无禄课，必死。传逢六合，美事成凶，难散。

逆度四神，专为逃与盗而设。如甲辰日辰为旬首，丑为旬尾，辰乘元武加申，则寻女于西南方；逆四度丑加巳，则寻男于东南巳方。非六甲日不必度四，但看元武所加地盘为阳神，可以捕女；元武所乘天盘为阴神，可以捕男。如乙卯日卯乘元武加戌，戌为阳神，寻女西北；申加卯，卯为阴神，寻男正东。三传相克，还凶神并勾克武，武受克日时可获。相生带吉神难获。失物在阴神生处寻。如元武乘木，木生火，藏窑中。乘水，水生木，藏树林中是也。又有寻人法，专看干德支刑所临之处。如甲戌日干德在寅支刑在未，寅加未，君子隐西南；未加子，小人逃正北。而寅木克未土，是德克刑也。若刑克德难获。

外有首尾加干支，名一旬周遍，占事忧喜不脱，交易去而复来，六阴日发用元武，又名察奸课。

占验七十五

○咸丰癸丑年辰月己酉日丑时，在臬署占寄通城行辕。

闭口兼轩盖课

空白常元

父午阴	白阴青常	寅卯辰巳
鬼卯白	卯午丑辰	青丑　　午阴
子子勾	午酉辰巳	勾子　　未后

亥戌酉申

合朱蛇贵

正议：岁乘青龙，常逢月建，高盖乘轩，贵登天门，官声之显赫无疑也。第旬尾加首，名曰闭口，或民有情而难伸于官，或官有意而难闻于朝。据干阴丑为田，龙为脉，此时帑项空虚，民力凋敝，田粮一件，实属两难。然交车相合，兼以相生，占事主交相为力，官为民达其隐，民为官献其凶。上下共济，将不劳而功成。不然，三交赘婿，自刑发用，其事缠绵不脱，而子水财空，师久饷运维艰，此所当预计者也。窃土匪胆敢毁署操刀，案已不小，何能轻恕？第作乱者，未必尽有粮之人，不过元凶藉此以动愚民也耳。山邑虽顽，究之不善者少，而善者多，用其善以诛不其不善，则不善者势孤而胆寒矣。且通城之匪与别县略异，他以抢劫为证，则玉石易分。此以抗粮为名，则一县蒙恶。官兵将到之时，不但匪徒走避，即善良亦皆畏罪而裹足不前矣。据课象，似宜恩威并用，先谕公正绅耆出首，导扬德意，协剿渠魁，并商善后事，宜为便。

江大人不弃刍荛，接阅此课，即将所获从犯数人释放，遍传恩意，从匪者数千皆散，复与绅士协缉首犯，其事遂结。

附录：原稿有八百余字，此特录其大略耳。

游子课 象观

凡课三传皆土，遇旬丁天马为用，曰"游子"。盖土为季神，当巡游考绩之期，旬丁二马又为驿递之神，身势摇动，使人好游，此云萍聚散之课也。

占主利出行，不利守静，病凶，婚阻，逃难获，天阴不雨，或支二课加干二课为用，或传送白虎为用，主动更的。未戌丑为阴传阳，欲在家远出；丑戌未为阳传阴，欲在外私归。丑加辰为破游，戌加未为衰游，反吟四季为复游，值墓神煞害，主冤家逼迫，传值合龙戏驿，主万里奋飞。斩关并为绝迹课，淫泆并因阴私欲沈，天寇并因为盗欲逃。行年并主身欲逃故来问。五墓四煞并，神将凶，主事迍邅破败，此课动摇不定之象。大端凶。若值三奇六仪，神将吉，六处有冲克救神，可化凶为吉，主行人遂意。

占验七十六

〇同治癸亥年戌月癸丑日辰时，自兴安府雇舟，占何日动身。李姓占弟被掳回否，同此。

游子课

贵后阴元

鬼丑勾	勾勾勾勾	巳午未申
官戌白	丑丑丑丑	蛇辰　　酉常
鬼未阴	丑丑丑癸	朱卯　　戌白

寅丑子亥

合勾青空

问：占身及弟俱忌鬼多无制，兼以天网四张，行者难动，掳者难归，其若之何？曰：壬癸日遇鬼多，见卯为春雷脱难。此课无制，专看丁马，乘太阴，玉女，便可脱身。况中末两传冲破天关，不难高飞。但自占卯日可动，掳者必待卯月乃归。

问：卯何分日月？曰：近以日计，远以月计，亦因事因时为消息耳。

案验：出旬卯日登舟回家，次年得信，李果卯月归家。

三交课象姤

凡四仲日占，四仲加日辰，三传皆仲，将逢阴合，为三交课。四仲者，子午卯酉四败神也。四仲日占遇四仲加干支阴阳为一交，仲神发用传皆四仲为二交，仲神乘太阴六合将为三交。此三者相遇交加，乃风云不测之课。

占主事体勾连，暗昧不明，进退两难，或家隐私人，或己身逃匿，谋事被人阻破，求望难，病讼凶。盖四仲纯全，互刑互破，前无孟之可隐，后无季之可奔，如遇兵贼，欲逃不及，值凶将，男犯重法，女犯奸淫，乘阴合门户不利，阴小隐匿，空虚诈，武遗失，蛇大惊，雀口舌，勾战斗，虎杀伤丧孝。六阳日为交罗，主阴私上门；带凶煞有惨祸。六阴日为交禄，主以禄求私，乘元为阴私失禄。午加酉为死交，酉加子为破交，反吟为反目交，皆不能成合之象。

此课无阴合则名三交不交，或年月日时皆仲，名三交不解，过与不及，二者祸更甚于交也。若年命日用旺相，乘吉将，传得午卯子，又名轩盖，占官大贵。

占验七十七

○道光乙巳年卯月己酉日丑时，省垣书店王青云占回籍。

三交兼闭口赘婿课冲破格

		空白常元		
禄午阴	白阴青常	寅卯辰巳		
鬼卯白	卯午丑辰	青丑	午阴	
财子勾	午酉辰己	勾子	未后	
		玄戌酉申		
		合朱蛇贵		

正议：轩盖逢空，课名闭口，乃阻塞难行之象。交车相合，此处人地相宜，不能离析，日禄克支，如入赘妻家，难以自由，仍以合伙营生为妙。又天鬼发用，为伏殃，丧魄加己未命，健者亦衰，弱者必死。

案验：次年身故，以婿入赘，伙开书铺，其眷属仍留楚省，壬子年，粤匪破城，劫散财物。以末传乘、子水冲禄故也。

附录：此与范彝舟占年将课占，范得命上子孙贵人救神，故身不凶。

乱首课

凡课干临支被支课为自取乱首。支临干克其干，为上门乱首，更兼发用者尤的。盖干为尊长，如首，支为卑下如足，卑也无礼作乱，故名"乱首"。

占主小害大，下犯上，家门背逆，不可举事。

自取乱首，尊上自失礼为支所犯，事体稍轻，事发于内而起于外，兵不利客，亦不宜攻，惟可固守解围耳。上门乱首尊不惹卑，卑下敢来犯上，事体重，事发于外而起于内，兵不利主，贼来格战，又名反常，总主来人迟，营寨多有刑伤，若见卯酉后合，主男妇讹杂，不分长幼。

自取乱首，若四下贼上，不免窝犯丑声，祸自内外。

此课或主祖宗别姓，如将得青龙，来意因幼小不知别籍异居之事，三传年命克制乱我之神，曰"患门有救"。

干临支生支，名偃蹇，泄耗甚也。干临支受支生，曰"俯就"，先难后乐也。同类曰"培本"，比和相助也。又干克支，乃上凌下，却得下贼上为用，支克干，乃下犯上，却得上克下为用，互相凌犯，故名"凌犯"。

占验七十八

○同治丙寅年寅月壬戌日亥时占雇工。

乱首兼芜淫回环课

蛇朱合勾

禄亥空	白空常白	午未申酉
兄子白	子亥丑子	贵巳　　戌青
官丑常	亥戌子壬	后辰　　亥空

卯寅丑子

阴元常白

正议：问：正时发用，俱乘天空，子丑又值天空，应主欺诈不实？曰：占雇工以天空为类神，乘日德日禄，其人可用，不得以寻常欺诈称也。初遭夹克，中末逢空，必难成交。

问：自支传干，彼来就我，已成交矣，何空之有？曰：彼非不愿，奈两主相争，即来就我，亦属子虎，盖身不自由也。

问：所争何人？曰：课名不备，是两主争一仆也。干加支而受克。仍传于干上，干上子与丑合，丑为旧太岁，是仍归故主也。

问：前议以干为己，支为人，此又以支为己，干为人，岂不混目乎？曰：论主仆则以干为我者，分也。论新旧则以干为先者，序也。言各有当，自不相混。

问：乱首以下犯上，奴必欺主？曰：类神属亥，是干为奴也。戌支克干，是我克奴，而奴不为我用也。卦主既定，则乱首之说又不必泥。

97

附议：凡课须识得一象字，如《毕法》云："夫妻芜淫各有私"，此象也，非死局也。须看所占何事。如占家宅夫妇可断芜淫，若宾主往来交际，亦曰两男争一女乎？

案验：俸已议定，刻日来家。旋因故主不舍，仍归之。

赘婿课 象旅

凡课日干克辰，又自加临为用，曰"赘婿"。盖干为夫，支为妻，干克者妻财，干临支，以动就静，如男子出赘妻家。支临干，以静就动，如妇人随男就嫁。此舍己从人之象。

占主屈意从人，事多牵制，乃为客求财之课。孕迟，讼病延，行人滞，干临支克支，利尊不利卑，宜动不宜静。兵利客，支临干被克，卑凌尊，而尊上不容，兵亦利客。日用休囚，乘凶将，病人传染不已。日用旺相，乘吉将，求望名利可就，将得六合，必主招婿婚姻事也。

此课干临支，惟乘死囚作合阴为赘婿。若乘旺相，作勾虎又名残下，是不利卑小也。皆主仗他人势，事乃可成。支临干，看支上神，原属艰难，则为不得已而出。如支上有好处，岂可轻易随人？君子于此，审其可否，则免失身之咎。若支乘脱气，必无正屋可居。终非自立之象。二项若中末见救神，若年命乘吉将，又名赘婿当权，可任意所为也。

占验七十九

○道光乙巳年申月甲戌日寅时，杨姓占病。

赘婿兼盘珠课

```
              勾合朱蛇

禄寅后  白后合白   酉戌亥子
子午白  午寅戌午   青申    丑贵
财戌合  寅戌午甲   空未    寅后
                  午巳辰卯
                  白常元阴
```

正议：三合脱日，病因肺伤，气虚下陷，课名盘珠，难以脱体。

参议：问；女病何如？曰：日临支而克支为赘婿，又午加长生，其女嫁而未归也。天后为火土所煎，乃水亏火炎之症，自生传墓，终非有寿之征。

案验：此系初观病状已符，别后不知究竟如何。

占验八十

○**咸丰甲寅年午月甲戌日卯时，钱姓占店事。**

赘婿兼盘珠课

朱合勾青

禄寅白　后白合后　　酉戌亥子

子午后　午寅戌午　蛇申　　　丑空

财戌合　寅戌午甲　贵未　　　寅白

午巳辰卯

后阴元常

正议：此课子必螟蛉，妻必后娶，三合递生，不离四课，又兼赘婿，占事不脱，系众人借助开店，退则不能脱身，进则可取还魂债也。三合又逢后合，家有结姻之喜。

问：何以知妻子必继？曰：三传会火，又逢岁月日建，泄气太过，不能任子，幸正时卯坐长生，弟必有子可承。财乘死气，中传建旺助之，是克妻复娶妻也。

案验：妻重克，以弟之子为子，生意情形亦合。

附录：《毕法》云："传财太旺反财亏。"此《易经》盈虚消息之理，不独论财，即如此课，亦可触类旁通。

占验八十一

○**咸丰癸丑年卯月壬午日辰时，族侄占母病。**

赘婿兼回环课

合朱蛇贵

财午元　白朱朱元　　子丑寅卯

鬼丑朱　申丑丑午　勾亥　　　辰后

父申白　丑午午壬　青戌　　　巳阴

酉申未午

空白常元

正议：正时天后作鬼墓，生遇旬空，乘虎投墓，病不可治。忌辰丑之月。

太岁乘朱克日，丑午相害，又主人诅咒。

问：口舌为谁？曰：赘婿课当主婚姻。

案验：三月母故，夏终重见口舌并破财。

冲破课象夬

凡课日辰之冲神加破为用，曰"冲破"。冲者，动摇意，亦反复意。破者，解散意，亦破损意。破与冲宜散凶事，不宜吉事。冲主人情暗中不顺，出入难久；乘凶将无救，凶甚；破乘破碎煞尤凶。

占主人情反复，门户不安，婚难遂，孕难成，病凶散，财易耗，谋望成而复倾。

凡旺不宜冲，衰墓宜冲。吉不宜冲，吉空又宜冲，凶将宜冲，凶空不宜冲，冲则反实。凶旺不宜冲，则则反动。类神空亡，逢岁月冲则暗动，日辰次之。

占验八十二

○道光庚戌年辰月己酉日午时，陈湘帆同年占会试。

冲破兼三交励德龙战课

			勾合朱蛇	
鬼卯元	元贵后朱	申酉戌亥		
父午空	卯子丑戌	青未	子贵	
子酉合	子酉戌己	空午	丑后	
		巳辰卯寅		
		白常元阴		

正议：此课不中，更有官讼盗贼，以龙战、冲破、三交，皆凶格也。

问：何讼？曰：子为支破，卯为支冲，冲加破位，逢元武带天鬼贼神，自支阴发用，必有内破坏山林，以致口舌，又朱雀乘月破加干。上下相刑，亦有外讼。

问：元武临门，何以断其盗树？曰：卯木逢春，又坐水方，以此知为长生之物，非已成之物也。然中传午破卯，末传酉克卯，岂非伐木之象乎？但酉为太阳，贼必败露耳。

问：外来何讼？曰：魁罡事干众人，丑刑戌，朱，多属山林城郭之类。

案验：果不中。族议众山树茂，拔其尤者以为贺，时有不率之人，乘间攘窃，其值倍于贺仪，以致家长执送，又城内估客修公所，因地基兴讼，大众窃名具控，致有差扰，其祸皆起于人，非自致也。

占验八十三

○咸丰乙卯年未月丙午日酉时，李茂盛雷氏占夫病。

冲破兼比用蒿矢三交课

```
                          合勾青空
       鬼子蛇  蛇勾贵合   寅卯辰巳
       财酉阴  子卯亥寅   朱丑   午白
       兄午白  卯午寅丙   蛇子   未常
                          亥戌酉申
                          贵后阴元
```

正议：问：干阴亥贵为鬼，带死气，夫病不可救矣？曰：此课不忧夫而忧妻，何也？阳交见生，阴交见克，寅木虽空而鬼反助其生，夫病无妨也。惟支乘败气，兼以冲破为用，弦将断矣。

案验：夫病愈后，妻犯痢死。

淫泆课 象既济

凡课初传卯酉，将得后合，为淫泆课。盖卯酉为阴私之门，后合乃淫欲之神。故名"淫泆"。如初传六合末传天后，为狡童格，主男诱女；初传天后末传六合，为泆女格，主妇悦男。

此课三交并，为浊滥淫泆，所私非一人一处而已；加罗网更凶，又主恶声。如子日丑为天罗，未为地网是也。并天烦，男遭杀伤，地烦女遭杀伤；并二烦九丑，男女皆遭杀伤。若后合临日辰，行年并者，主先奸后娶之意。

占验八十四

○道光戊子年寅月辛亥日午时占婚姻。

淫泆兼侵害课

<pre>
                        勾合朱蛇
财卯后   青阴空后   戌亥子丑
兄申空   酉辰申卯   青酉   寅贵
父丑蛇   辰亥卯辛   空申   卯后
                        未午巳辰
                        白常元阴
</pre>

正议：天后乘卯酉不吉，干支上神相害，阴阳卯酉相冲，而支上辰与支阴酉合，系与他人缔姻。中传天空月破，居间有人打破，此不成之兆也。

案验：果不成。

芜淫课象小畜

凡四课有克缺一为不备，又日辰交互相克，为芜淫。邵先生曰："课得不备，刚日从日上起第一课，柔日从辰上起第一课。凡见二阳一阴为阴不备，如二男争一妇。二阴一阳为阳不备，若二女争一男。及日辰交互相克，各自相生是也。"此夫妇皆有私通，两情相背，荒淫无度，故名"芜淫"。

占主不周全，物偏缺，病难愈，求望难成，行人不至。阳不备兵讼利为主，贼不来。阴不备兵讼利为客，贼必来。皆战不成。三传阳多，事起男子。三传阴多，事因女人。阳多晴久，阴多雨添。凡占多以不周全意断。

阴阳以四课论，非若干以甲为阳，乙为阴，支以子为阳，丑为阴也。盖日阴日阳，辰阴辰阳，此四课之阴阳，刚日从日上数起，如作日之阳神者，复作支之阴神？不啻无支阴矣。仅存日阳日阴支阳三课，是两阳一阴，为阴不备，作日之阴神者，复作支之阳神，不啻无支阳矣。仅存日阳日阴支阴三课，是两阴一阳，为阳不备。柔日从支上数起，照刚日例。

占验八十五

○咸丰丙辰年子月戊子日亥时，占友处可寓否。

芜淫兼狡童课

贵后阴元

兄辰合	合青阴贵	未申酉戌		
父午蛇	辰寅酉未	蛇午	亥常	
子申后	寅子未戌	未巳	子白	
		辰卯寅丑		
		合勾青空		

正议：问：上神互克干支，为芜淫。初合末后，为狡童，得无奸邪之应乎？曰：不必有此事，但人地不相宜耳。彼此相克，中末逢空，必难终局。且支阴发用，身遭夹克，友虽待我甚厚，必因兄弟不能自由。

参议：问：占婚得此如何？曰：必有淫泆，即占地方，亦多不正之人。

案验：年终往投，次年正月即转，情事亦符。

解离课

凡夫妻行年冲克，及上神互相克贼，为解离格。如夫年立午上，见寅。妻年立子上见申，乃子上申怕午克，午上寅怕申克，上下互相克贼，天地解离，各有异心，故名"解离"。占者非断弦之凶，必有反目之兆也。

《毕法》真解离卦者，谓干克支上神，支克干上神，或夫妇行年又值此者，尤的。此时占人必有解离事，已后例内，惟详空亡而言之，则小畜九三"舆脱辐，夫妻反目，不能正室也"之凶象。

占验八十六

○道光辛卯年巳月癸未日亥时自占月将。

解离课弹射格

贵后阴元

财巳阴	贵阴空勾	卯辰巳午
子卯贵	卯巳酉亥	蛇寅　　未常
鬼丑朱	巳未亥癸	朱丑　　申白

子亥戌酉

合勾青空

正议：干支上下对冲互克，水日逢丁，夫妇别离之象。初传胎临月建，末传天喜作吊，必因产亡。纯阴之神，当生男子。两贵相加，又逢岁月建，此子应贵。

案验：本月妻孕，冬月子生，五月妻亡。其后诗书未成，一监终身，以岁月冲破故也。

孤寡课①

四时前孤后寡，或值旬空，皆为孤寡。如寅卯日当春之时，则巳为孤、丑为寡，若无别吉象，则为孤寡课。若人年临孤寡地，占婚最忌。旬中孤寡有三：发用值旬空，阳空为孤，阴空为寡，一也。发用地盘空为孤，天盘空为寡，二也。发用空为孤，末传空为寡，三也。四时孤寡有二：如春以巳为孤、丑为寡等，一也。春又以生我之水绝神在巳为孤、我克之土墓神在辰为寡，二也。十干不到之地，五行藏脱之乡；前去后空，阴惆阳怅。所谓孤辰寡宿，故名"孤寡"。占主孤独，离乡背井，官易位，财空手，婚断弦，孕虚有，出入防盗，日辰无气，最凶。孤辰，父母灾，亦主离宗弃祖；寡宿，妻子离，六亲叛。如旬孤寡，又并四时孤寡，为"空孤空寡"，更凶。凡值空亡，忧喜皆不成，托人多诈谋。望近事出旬可图，远事终难，时空事亦难成。或中传空，为"断桥折腰"，主事中止难就。或中、末俱空，为"移远就近"，

---

① 标题至占验前一段文字，底本无，据《大六壬类聚》补入。

104

动中不动，寻远人即在近也。初、中空，推末传。中、末空，取初传。以不空者，断吉凶。新病空病，久病空人。吉空反凶，凶空反吉。

此课大端不吉。或遇三奇、六仪为救神，及遇太岁月将月建为孤寡再醮，又今日所坐，位值孤寡为用，曰"孤寡得位"。如庚日用申是也。皆主反祸为福，事前破后成。日辰年命不论空。又有纯空反实，或遇岁月日时冲起，为逢冲暗动，祸福皆成。

占验八十七

○咸丰乙卯年戌月癸亥日申时，人占妻病。

孤寡课

勾合朱蛇

鬼未阴　朱阴贵常　　丑寅卯辰

子卯未　卯未巳酉　青子　　巳贵

兄亥空　未亥酉癸　空亥　　午后

戌酉申未

白常元阴

正议：问：未鬼为病，卯木为医，三传又会子孙，似无妨？曰：初末两传，前孤后寡，又见天空，真孤寡也。况水日逢丁，占妻定克，不必看子孙也。即以子孙论，酉破全局。

案验：亥月冲巳，酉日破卯，妻故。

度厄课 象剥

凡四课内三上克下，或三下贼上，为度厄。盖上为尊，下为卑，三上克下则长期卑幼，为幼度厄。三下贼上则长不正，幼乃陵之，为长度厄。

占主家门不吉，骨肉乖离，幼度厄逢子孙发用，凶神入墓，卑者更凶。长度厄逢父母发用，凶神入墓，长者更凶。

此课多以比为用，如仕宦占事，从新邑发动，山鹊合群，同气相关之兆。神将吉因动成喜，神将凶面合心离，或反有暗害，或与刑煞并及旺相气，凶易成。若与德合并，不能为害。

占验八十八

○道光庚寅年子月丙寅日午时，陈友占录科。

度厄兼殃咎课周遍格

<pre>
                    合勾青空
鬼子合　白贵阴合　　子丑寅卯
子未阴　辰酉未子　朱亥　　辰白
父寅青　酉寅子丙　蛇戌　　巳常
                    酉申未午
                    贵后阴元
</pre>

正议：三上克下为幼度厄，三传递克为殃咎，兼以日鬼发用，不独考试不利，且有病灾。

问：何病？曰：正时午属离为目，元武克之。日干丙为太阳，被子水克制，皆失明之象。岂非目病乎？破碎克宅，贵人乘之，亦不免阴人口舌。

案验：果因眼病不能完卷，口舌亦见。

附议：问：月建为主文，发传又作六仪生末传太岁，应利考试？曰：岁月俱受上克，未可全以吉断。

问：周遍格有始有终，何以不完卷？曰：首尾克干支，是始终皆病也。病不脱体，岂能作文完卷乎？

问：引鬼为生如何？曰：寅为酉伤，见生不生，况三传递克主文，不可作引鬼看。

无禄绝嗣课象否

凡课四上克下为绝嗣，四下克上为无禄，乃不忠不恕，上下分离之象。

上不容下而下难自存，故名"绝嗣"。占主卑幼不利，孕伤胎，病易死。占子病更验。奴婢逃，骨肉散。若旬空发用，来人必主孤独，事起男子，兵讼先者胜，凡事动而必静。

以下犯上，被上夺禄，故名"无禄"，占主失来，多则伤，病必死。事起妇人，兵讼后者胜。若神将吉，来意主分财异居。

占验八十九

○咸丰戊午年午月辛巳日丑时，闻警占。

无禄课

空白常元

父未蛇　蛇空空后　　子丑寅卯

财寅常　未子子巳　青亥　　辰阴

兄酉合　子巳巳辛　勾戌　　巳后

　　　　　　　　酉申未午

　　　　　　　　合朱蛇贵

正议：正时白虎，辛日逢丁巳受惊危，况四下克下，外胜于内，支来克干，阴犯于阳，三传递克，贼非一处，而贼符又克干支，岂能安枕？且寅木俯仰丘仇，末传日禄旬空，饷运维艰，兼以内战不和，何能同仇敌忾？

案验：果如所占。

占验九十

○亥月癸卯日戌时占胎产。

无禄课

空虎常元

父酉空　常勾空朱　　酉戌亥子

勾丑阴　亥未酉巳　青申　　丑阴

财巳朱　未卯巳癸　勾未　　寅后

　　　　　　　　午巳辰卯

　　　　　　　　合朱蛇贵

正议：三传纯阴，弄璋之兆。本月亥日冲胎必生。卯贵作子孙登天门，子乃诗书中人也。

问：四下贼上，恐子伤其母？曰：占产绝嗣无禄吉，盖取上下分离之义也。曰：财空忌妻，如何？曰：妻看天后乘神吉凶。若巳为日胎，胎空则子生，何忌于妻。但初孕不宜空耳。

问：全局逢冲，岂非合中犯煞乎？曰：占产忌合，正赖亥水破局，斯其生也如达。曰：水日逢丁有妻则克？曰：此格亦当参看天后，天后无恙，及课传无凶煞，不尽以克妻论。况占妻产喜动喜空，丁马乘天空，乃胎动腹空，何忌？

案验：本月丁亥日生男，母无恙，子大亦聪俊，戊午入泮。

附录：《玉田四难歌》"胎孕生下行人逢，无禄绝嗣亦堪容。"

八迍课

凡八迍课得五福为迍福课。如死气为用，旺气下胜，俯仰丘仇，带凶将刑害，传逢坟墓，下贼上，煞临日辰相克，为八迍格。用起死，终旺，子母相生，始凶终吉。年辰制初，旺相临日辰，为五福格。此八凶者为迍，五吉者为福。故名"迍福"。盖时令死气发用为一迍，下为旺气所胜为二迍，上见丘墓为三迍，下见仇寇为四迍，乘凶将为五迍，带刑害子孙为坟墓星，主死亡为六迍，下贼上为七迍，凶神临日辰相克为八迍。若用起死气，末传旺相为一福；子逢凶，母带德神救之，为二福；始为凶将，终有吉神，为三福；初传见鬼贼，年命克制为四福；日辰吉，临旺相为五福；占事先凶后吉，统屯之体，乃雷雨解灾之课也。

侵害课象损

凡课日辰六害相加，并行年为用，为侵害课。六者，父母兄弟妻子六亲也。害者损也。如子畏午冲，直上穿心见未，合冲助仇，而为害也。害则似水壅滞，血气未行，事多阻隔。

占逢六害神，临日发用，又乘凶将恶煞，主侵害凶祸。婚破阵殃，胎堕财伤，病多殴伤。若带德合、善神吉将，课体虽阻而终成。

占验九十一

○道光乙巳年戌月戊辰日巳时，张姓占失牛。

侵害兼连珠三奇课

官卯朱	蛇朱朱合	辰巳午未	
鬼寅蛇	寅卯卯辰	朱卯	申白
兄丑贵	卯辰辰戌	蛇寅	酉常
	丑子亥戌		
	贵后阴元		

正议：众鬼连茹，盗必数人。丑加寅鬼死气，此牛已为砧上肉矣。魁度天门，勾陈生武乘神，追捕难获。然元被乘神克制，元阴酉戌相害，日上辰冲戌关，伙盗终必自供，以致生讼。

案验：盗已杀牛，因分赃不均，鸣团自供，以致送官。

附录：《毕法》"所筮不入仍凭类。"如丑为牛，元武为盗，此类神也。丑入末传而元未入课传，亦凭此为断。

刑伤课象讼

凡课中三刑发用，并行年为刑伤课。

占主谋为乖戾，人情不和，刑干男伤，人身不利，刑支女病。家宅不安，善刑恶无忧，恶刑善凶至。时刑干忧小口，刑月建不可讼人。刑日神不远行，干刑速，支刑迟。若刑遇日鬼，主公私之扰，凡谋不遂。见蛇及血支血忌，血光，孕必堕胎。或辰土自刑，又见神乘凶将，主躁暴、挟刃自伤；或六处有神作支之自刑，又作干鬼，结连三传为鬼助刑或伐德，甚凶。

占验九十二

○道光己酉年午月辛丑日未时，张姓占母病。

刑伤兼游子课

		合勾青空	
父丑后	后后常常	巳午未申	
父戌常	丑丑戌戌	朱辰	酉白
父未青	丑丑戌辛	蛇卯	戌常
	寅丑子亥		
	贵后阴元		

正议：刑伤课，自宅发用，病为参商所致。青龙为纸钱煞，加末传。太

常乘死气为孝服煞，加日干。天后乘墓，亦异棺入土之象。辛日伏吟逢丁卯年，课名游子，出殡在迩矣。

参议：问：文书旺相，或可无虞？曰：印爻重叠，专看天后。一水而七土克之，其能久乎？即以印爻论，亦月盈则亏之象也。

案验：次日壬寅戌时故。寅应青龙，戌死气也。

附议：占病遇纯土课，无论水日多鬼，火日全脱，不吉。即庚辛甲乙日皆为所埋，不能制，亦不能受其生。

二烦课象明夷

凡四仲月将，遇四正及四平日，占得日月宿加四仲，斗罡系丑未为二烦课。四仲者，子午卯酉。日宿，太阳躔度宫神也。月宿，太阴躔度宫神也。斗罡者，辰也。四正者，朔望弦晦也。初一为朔，初八为上弦，十五为望，二十三为下弦，月终为晦。四平者，即四仲也。子平卯，卯平午，午平酉，酉平子也。如日月经仲宿，度数多而有稽留，及天罡凶神，交系丑未，贵人不得理事，则三光不明，德气在内，刑气在外，此二者天地相并，故名"二烦"，乃荆棘满途之课也。

占主极凶，春夏尚可生，秋冬必死，百事祸散复生，殃及子孙，喜者反怒，解者复结，虽有吉神救。日宿临卯午为春夏天烦，男犯刑囚徒配，临酉子为秋冬地烦，男犯刀刑法死不葬。月宿临卯午为春夏地烦，女产难，斗讼血流。临酉子为秋冬天烦，女犯重罪，为男所杀。男女行年并尤的。月宿遇重留者更凶。大抵四正日，男行年抵日宿，主被吏执。四平日，女行年抵月宿，主被盗贼。

日宿即太阳星，正月亥逆十二，以过宫为的。

月宿正月初一室在亥，初二壁在亥，初三四奎在戌，初五娄在戌，初六胃在酉，初七昴在酉，初八毕在酉，初九觜在申，初十参在申，十一二井在未，十三鬼在未，十四柳在午，十五星在午，十六七张在午，十八九翼在巳，二十轸在巳，二十一角在辰，十二二亢在辰，二十三氐在卯，二十四氐在卯，二十五房在卯，二十六心在卯，二十七尾在寅，二十八箕在寅，二十九斗在丑，三十牛在丑，轮行二十八宿，每遇奎井张翼氐斗六宿各重留一日。二月起奎，三月胃，四月毕，五月参，六月鬼，七月张，八月角，九月氐，十月心，十一月斗，十二月虚，照正月轮行。春酉将八课，并酉加午发用，斗系丑未，乙卯丁卯己卯辛卯癸卯庚午戊午壬寅是也。夏午将十二课，并午加酉发用，斗系丑未，甲子丙子丁酉己酉庚子壬子癸酉辛酉是也。秋卯将三课，并卯加子发用，斗系丑未戊子辛酉己酉是也。冬子将七课，并子加卯发用，斗系丑未，丁卯丁丑丁酉辛卯丙午己卯是也。

凡斗系丑未，是季神加季，则加四仲之日月宿亦皆四仲神，即朔弦晦之日，并不及孟季，仍是四仲。

日宿加仲为天烦，月宿加仲为地烦，日月并加为天地烦，必斗系丑未者为的。然日月宿不发用，亦不真。日宿加仲，四仲有之，斗不系丑未为二传，传行杜塞也。

角亢氐房心尾箕，斗牛女虚危室壁，奎娄胃昴毕觜参，井鬼柳星张翼轸。

占验九十三

○咸丰.丁巳年戊月癸酉日未时占山寨。

地烦兼轩盖课

合朱蛇贵

财午后	朱后阴白	寅卯辰巳
子卯朱	卯午未戌	勾丑　午后
禄子青	午酉戌癸	青子　未阴

亥戌酉申

空白常元

正议：八月初一日，月宿起角，至二十五日抵午，午加四仲发用，为地烦，又乘天后，必有女灾，不可投足。

参议：问：高盖乘轩，丁马入传，末传青龙得禄，似宜迁居？曰：初以吉断。后查得地烦，互作六害，始知其凶。

案验：此寨于本年二月间有妇因雷震死，以卯为雷乘丁故也。其后人情不谐，亦未去。壬戌年寨内掘煤，压死二人。

天祸课

凡四立日得今日干支，临昨日干支；或昨日干支临今日干支，为天祸课。

111

盖立春日，木旺水绝，立夏日火旺木绝，立秋日金旺火绝，立冬日水旺金绝，一年之内，只此立春立夏立秋立冬四日前一日为四绝，如四立日干支神加绝神干支，或绝神干支加四立干支神，此四时之气，德绝有刑，如天刑时灾，人受其祸，故名"天祸"。

占者动有凶咎，不可妄为，为绝大祸患之体，乃嫩草遭霜之课也。

天狱课 象噬嗑

凡课囚死墓神发用，斗系日本，为天狱。盖囚死者，时令囚死之气也。墓者，日库也。我克者为死，克我者为囚，死囚发用，主死丧囚禁之事。斗者辰为天罡也。日本者，日干长生位也。若日本强旺，生日有救，今日本又遭斗系，不能扶，如天降灾殃，致人罗狱，故名"天狱"。

占主家有人入狱，病多死，出行用兵，一切造作凶。如将得贵龙常后，又不带凶煞，转吉。来意主望天恩事。若用神囚死，作日墓，俯仰丘仇者，必凶。丘乃三丘，天盘见之，曰"仰见其丘"。仇乃克制，下受地盘克，曰"俯见其仇"。斗加日本带刑煞灾劫为真天狱，乃致死之地。虽有青神莫救。或魄化为用，斗系日本，谓之绞斩卦，祸尤惨。

贵临辰戌，未入狱者，主贵人不能察讼。若已在狱，则在履狱录囚之义，更日辰年上得子孙生气德解吉将，为天狱清平，危中有救，讼伸围解。

天寇课 象蹇

凡四离日占得月宿加离神，为天寇课。盖春分秋分，卯酉月中，阴阳均分而离。冬至夏至，子午月中，阴阳俱至而离。四时之中，惟此二至二分四节前一日，为四离，乃阴阳生杀，多主盗贼。月宿者，乃太阴躔度之神。正月初一起室，逆行二十八宿。每月约行十三度。所到之宫辰为月宿，阴精刑杀，主盗。加此四离之辰，明中为盗，如天降凶寇，殃及于人，故名"天寇"。

占事破碎，多值乱离，乃时势多艰之课也。

天网课象蒙

凡课占时与用神同克日，为天网。盖时为目前，用为事始。用既为日鬼，如人举目见天网，凡事不能踊跃。若末传年命有救神，克初传，为解网，反凶为吉。

占主动见阻滞，孕损子，战有埋伏，病在膏肓。金鬼斗讼、疾病，水鬼忧女子病或讼，木鬼斗讼钱财毁伤，火鬼火灾惊恐、经官对吏，土鬼争讼田地坟墓。传遇三煞，定主官灾。又遇劫煞，谓之天网，旺相克死囚谓之天网四张，万物尽伤。与天网天刑并，或辰戌入传，凶甚。主官灾口舌难消，行军被围难出，若与天狱死奇并，必死。

占验九十四

○道光乙巳年子月庚午日巳时，占张姓店事。

天网兼元胎课

<table>
<tr><td></td><td></td><td>蛇朱合勾</td><td></td></tr>
<tr><td>官巳勾</td><td>后朱蛇勾</td><td>寅卯辰巳</td><td></td></tr>
<tr><td>财寅蛇</td><td>子卯寅巳</td><td>贵丑</td><td>午青</td></tr>
<tr><td>子亥阴</td><td>卯午巳庚</td><td>后子</td><td>未空</td></tr>
<tr><td></td><td></td><td>亥戌酉申</td><td></td></tr>
<tr><td></td><td></td><td>阴元常白</td><td></td></tr>
</table>

正议：课名天网，勾朱又加干支，不免口舌是非。幸末传克初传解网，然值旬空，店事终于不振。

案验：本年事坏，得人维持，至壬申年粤匪劫掠遂空。以天网又逢贼符，丁鬼入传故也。甲戌以后店业渐兴，此课之应验远矣。

附议：《指南》"课传有鬼子孙名为救神，无鬼便为脱气。"课名天网，尤赖子孙。虽值旬空，而年月填实，终能解救。

魄化课象蛊

凡白虎带死神死气临日辰行年发用，为魄化。盖虎乃凶将，乘旺相气受制不能为达，若遇死神死气，及时囚死之神，则为饿虎，定是伤人。如魄神受惊，化而飞散，故名"魄化"。

占病死，无病亦病。讼忧惊，孕损子，战伤兵，谋为招祸，远行更忌。如日墓作鬼乘虎，或魁罡带囚死发用，为白虎衔尸，更凶。若在年命上主自寻死，并金神三煞血支血忌主刃下亡，或水神天河地井相遇，水溺，或勾绞悬索主自缢。大抵虎克干防身，克支防宅。上克下外丧，下克上内丧，在阳忧男，在阴忧女。

此课最凶，若贵临鬼门，日辰年命得吉神，虎被冲克，为魄化魂归，先忧后喜。

占验九十五

○道光己酉年巳月戊辰日午时，云姓占家宅及水患。

魄化兼进间重审课

			空	白	常	元
子申白	白青常空		未	申	酉	戌
兄戌元	申午酉未	青午	亥阴			
财子后	午辰未戌	勾巳	子后			
			辰	卯	寅	丑
			合	朱	蛇	贵

正议： 问：青龙乘旺入宅，应主家多喜庆？子水坐空受制，水患似无忧？曰：课名魄化，太常破碎吊客加日上，主有孝服。青龙生干冲胎，主添丁之喜。此吉凶相参课也。但水患无妨。

案验： 午月生一孙，冬季丁生母忧，未月大水破宅。

附录： 同一天后乘子加戌，论母以天后为类神，落空坐墓受克则主丁忧；论产以子为胎爻，遇冲受克则产速而吉论。水患以土为堤防，土空则水溢，况午龙入宅，乃主卦吉星，最忌冲破。又午与未合，遇子则为合中犯煞，原断谓水患无妨，亦辨之不精耳。

三阴课 象中孚

凡天乙逆行，日辰在后，发用囚死，将乘元虎，时克行年，为三阴课。

盖贵人逆治，日辰在后，阴气不顺，一也；用神死囚，动作无光，阴气不振，二也；将乘元虎，时克行年，阴气不利，三也。暗昧幽晦，群阴党恶之课。

占主暗昧沉沦，见官屈伏，病多屯，名位失，财破，婚无就，孕生女。如日辰发用带墓鬼克行年，最凶。公私事皆不成，或丧魄游魂天鬼诸煞并临，占病必死，行兵多败。

此课主凶，在六处有救神，末传旺相，反之。

课传中六阴俱备者名六阴课。利私谋不利公干。昼传夜迷甚。

龙战课 象离

凡卯酉日占，卯酉为用，人年立卯酉，为龙战课。盖卯月阳气南出，万物生，阴气北入，榆荚落。酉月阳气北入万物凋，阴气南出，麻麦生。此阴阳出入之位，刑德聚会之门，时气分离，不可复合。如卯酉日占课遇卯为用，人年复立卯上；酉日占逢酉为用，人年复立酉上，阴气主刑杀，阳气主德生，其体如龙，一生一样，故名"龙战课"。

占主疑惑反复，行人忌北行，合者将离，居者将徙，欲行莫行，欲止莫止。婚阻孕不安，财不成，讼反复，官改动。如传入三交，贼来必战。游神值，行人来。夫妻年立其上，主室家离散。兄弟年立其上，主争财异居。将得天后，事起妇人，乘蛇元虎，尤加惊恐。

占验九十六

○**咸丰辛亥年申月丁酉日辰时，钱生占父寿。**

龙战兼间传盘珠励德不备格

			勾合朱蛇	
财酉朱	阴贵贵朱	未申酉戌		
官亥贵	丑亥亥酉	青午	亥贵	
子丑阴	亥酉酉丁	空巳	子后	
		辰卯寅丑		
		白常元阴		

正议：问：印爻不见，谁为类神？曰：父母有严君之象，当以贵德为主。岁建加支，得相气。日本加命，合贵，父有难老之征。

115

参议：问：干支发用，三处皆旺，为三光。贵临干支发用旺相，为荣华，更有吉事否？曰：贵多转失所依。兼以贵人蹉跌，曷为荣华？三传酉亥丑皆属夜方，为凝阴格，何光之有？惟龙战逢破碎，酉支乘雀加干宅，宅内必有少女陵也。合者将离，胎作死神，四课不备，生子不能足月。初末两传，丧吊全逢，有外姻执绋之事。

案验：子死侨寓岳家。酉月因姨妹诟谇分居，自寻笔墨生涯，吊送姻亲亦验。

占验九十七

○咸丰甲寅年辰月乙卯日辰时，避难江右，舟中口占樟树镇寓处。

龙战兼疑惑伏殃课

		合勾青空	
禄卯白	白蛇常朱	亥子丑寅	
官酉蛇	卯酉辰戌	朱戌	卯白
禄卯白	酉卯戌乙	蛇酉	辰常
		申未午巳	
		贵后阴元	

正议：问：住庙住店孰便？曰：时逢太常，乙寄于辰，必东门辰家饭店也。虽返吟变合，而行年在卯，发用属卯，终属动体。不久即去，且课名龙战，蛇虎纵横，门户动摇，必有兵灾，岂可久乎？

案验：上坡大雨，各店不遇，在陈店住三日，即行。乙卯年贼至，水火死伤无算。

附录：《指南》"用起天魁，主杀伤之灾。"天魁，即天鬼也。

死奇课 象未济

凡斗罡系日辰阴阳发用，为死奇课。斗罡者辰也。盖天罡为死奇凶恶厌嬲之神，死囚带煞，所在者殃。

天上三奇日月星，日为福德月为刑，星为死奇贯北斗，更互加之各有灵。

日出则奸盗止，鬼神潜，恶兽伏，病者轻，故为德。奇月为夜出，则反是，故为刑奇。星斗之光，不及日月，故为死奇。死奇加孟忧父母，加仲忧己及兄弟，加季忧妻子奴婢。

日奇即太阳，月奇即月宿为太阴是二十八宿直用也，亦如二烦卦论。

占验九十八

○道光己酉年巳月乙丑日酉时，张宗年占父病。

死奇兼游子斩关伏吟稼穑课

青空白常

财辰勾	蛇蛇勾勾		巳午未申	
财戌阴	丑丑辰辰	勾辰		酉元
财未白	丑丑辰乙	合卯		戌阴
			寅丑子亥	
			朱蛇贵后	

正议：酉为月之死气，日之绝神，年月日时会成鬼局，课未起而凶已知矣。死奇斩关发用，伏吟游子见天马，皆必动之象。课传纯财，破印爻克壬子命，日本旬空，其能生乎？但勾陈加日，一时无妨，至秋旺则木绝矣。

参议：问：类神不见，谁为主爻？曰：父象日，日为病人，专视干神可也。

案验：酉月辛巳日故，正干绝会鬼之期也。

附议：斗罡加日辰发用，为死奇。必见死气虎鬼，方作此论。

灾厄课象归妹

凡丧魄、游魂、天鬼、病符、丧吊、丘墓、岁虎发用者，为灾厄课。乃鬼祟作孽之课。

占主病症死亡，财喜破坏，婚孕多凶，征战大败，行人不归，访人不在，若病符女灾虎墓囚死，日辰年命上有冲克及天地医救神，凶散为吉，病可疗。或白虎作长生为不幸中之幸。若青龙作日鬼，又为幸中不幸。

占验九十九

○咸丰辛亥年卯月壬戌日丑时，卓庭侄占年将。

灾厄兼顾祖课

朱蛇贵后

财午后	后元阴常	卯辰巳午
鬼辰蛇	午申未酉	合寅　　未阴
子寅合	申戌酉壬	勾丑　　申元

子亥戌酉

青空白常

正议：天鬼死神发用，吊客大煞加干，墓门劫煞加支，本年主有孝服。

问：何服？曰：酉乘孝服煞加干，天后逢天鬼，又自支阴发用，自是内丧。

问：内丧何人？曰：孝服煞逢上丧，主丁母忧。胎神逢天后，末传子孙得令，以生初南，主妻有孕育之兆。

参议：问：出外肄业何如？曰：课名顾祖，传贵俱逆，驿马恋宅，夏季必为母病归家。

案验：五月闻母病笃，自省回顾，六月丁忧，九月生子。

占验一百

○道光辛卯年寅月癸亥日丑时，自占年将。

灾厄兼间传天网课

贵后阴元

鬼未常	常空空勾	卯辰巳午
财巳阴	未酉酉亥	蛇寅　　未常
子卯贵	酉亥亥癸	朱丑　　申白

子亥戌酉

合勾青空

正议：丧魄发用克日，正时作吊伤日，游魂劫煞加干，天鬼破碎加支，水日逢丁，财乘死神丧门，主妇人产亡，家多疾病。

附议：问：干上亥冲传中巳，凑成木局如何？曰：凑合固佳，须看其冲吉冲凶。如此课，巳为财爻驿马贵德吉神，被亥水劫煞冲之，虽凑成木局，生子可望，而妻则去矣。

案验：是岁生子丧妻，多病患口舌。赴试荐而未中，以三传递生，二贵皆受冲克也。

殃咎课

凡课三传递克日干，神将克战，或干支乘墓，为殃咎。如己巳日三传巳申寅，初克中，中克末，末克日干。如丙子日三传子未寅，末克中，中克初，初克日干，为递克是也。

占主他人欺凌，互相克害，为官宜自检束，防人论劾。常人有凶横之祸，或被邻人连状攻讼。凡神克将为外战，祸患易解，将克神为内战，祸患难解。初遭夹克，凡占夹禄，身不自由，受人驱策；夹财，财不由己费用；惟夹鬼反吉。将逢内战，主谋事将成，被人搅扰。天后内战为用，妻不和，或多病。余详天将言之。壬申日亥加辰，申加丑，为干支坐墓，乃心肯意肯，人宅甘受晦祸。丙寅日干上戌，支上未，为干支乘墓，主人宅皆不亨利，此例非殃祸，必过失之咎。惟占官细微谨慎，迤逦转迁则喜耳。

占验一百○一

○道光乙巳年亥月丙午日申时，自占妻墓。

殃咎课

合勾青空

鬼子合	后勾阴合	子丑寅卯
子未阴	申丑未子	朱亥　　辰白
父寅青	丑午子丙	蛇戌　　巳常

酉申未午

贵后阴元

正议：三传递克，为众所欺。然末传青龙带天解喝散，引鬼为生，终归和局。且日鬼被阴神所制，为害者亦必自受其殃。

案验：此系田穴，葬后被众蓄水，侵害十余年。得人调处，将界上余土买入始和。其谋害者家道渐落，妻子离散，死无葬所，可见害人终自害，而有忍必有济也。

占验一百〇二

〇咸丰甲寅年卯月壬寅日卯时到江西省占。

伏殃兼六仪课

合朱蛇贵

财午元	后空朱元	子丑寅卯
鬼丑朱	辰酉丑午	勾亥　　辰后
父申白	酉寅午壬	青戌　　巳阴

酉申未午

空白常元

正议：初遭夹克，夏季财为水伤。交秋白虎冲支，丁马临宅，城内不能无事。中传病符坐生，旧贼复来之象。酉为月破，又日之财气，门户不免破财动摇。支阴墓鬼，三月近省州县亦难保全。

案验：越三日，武宁城破，义宁亦危。三月九江饶州各处被害，余已走袁州。

六壬辨疑卷五

九丑课 象小过

凡戊子、戊午、壬子、壬午、乙卯、乙酉、己卯、己酉、辛卯、辛酉十日为九丑日。如四仲时占，丑临日加四仲上发用，为九丑课。盖子午卯酉为阴阳易绝之神，有生杀之道。乙戊己辛壬乃刑煞不正之位，三光不照。此五干四支合而为九丑。乃岁终物必纽结丑恶同时之象。如刚日日辰在天乙前，为重阳害父。柔日日辰在天乙后为重阴害母。上乘白虎决主死亡。当此之时，不可举兵远行，移徙嫁娶，造葬求谋，万事灾祸。不出三年三月，更与大小时煞并，祸不出月，若神将吉有解。

占验一百○三

○咸丰癸丑年申月辛酉日辰时，在家占中丞江岷樵大人消息。

九丑兼丧魄课

		青空白常	
父丑后	后元贵阴	未申酉戌	
财卯蛇	丑亥寅子	勾午	亥元
官巳合	亥酉子辛	合巳	子阴
		辰卯寅丑	
		朱蛇贵后	

正议：九丑日丧魄发用，干支受脱，亥子俱乘死神死气。天井逢丑，为势穷力竭，而投于井之象。岁刑加命，破碎加年，亦有争讼之事。

案验：时在江右守城有功，而乡勇兴讼。复过湖北田家镇，兵败，亦干参议。丑月十七日庐州城破，赴水殉节。公臬楚时，访延幕下月余，每坐谈以身许国，卒殉于难。谥忠烈，立专祠，《易》所谓"过涉灭顶，无咎"是也。

鬼墓课 象困

凡日辰墓神及日鬼发用，为鬼墓课。盖鬼者，贼也；鬼多主事不美，谋望不成，且灾及己身。阴鬼星宿神祇，阳鬼公讼是非。墓，蒙昧也。墓神覆日，人口灾晦。干墓临支，宅舍衰废，并关神尤甚。干支乘墓，乃人自招其祸，甘受昏迷，宅愿假人作践，兑贳终不能脱。占病颠狂，行人失路，或干支互换坐墓，乃彼此各招晦滞，不宜相投。辰未为日墓，暗有有明，及夜墓坐日亦吉。丑戌为夜墓，昏昧自甚，日墓坐夜亦然。辰戌墓主刚急，丑未墓主柔迟。凡人占鬼入墓，及传墓不吉。此守己待时课也。

占验一百〇四

○道光庚戌年丑月壬申日申时，前任邑侯张仲远夫子占胎产。

鬼墓兼死奇课

```
                    青勾合朱
鬼辰后  元常空后      戌亥子丑
父酉勾  午丑酉辰  空酉      寅蛇
子寅蛇  丑申辰壬  白申      卯贵
                    未午巳辰
                    常元阴后
```

正议：初传天后发用，课传多巽离坤兑之方，此瓦兆也。天后被鬼墓死神克制，产母有伤。天喜加母寅命，而未为本命之墓，天后克日，亦主喜处生忧。六合乘子，正时申作六合之长生，加母行年，女可无恙。

案验：辛亥四月三十日丙戌未时生一女，五月十二日戊戌产母故。

附议：问：墓冲则吉，戌日产而又以戌日亡何也？曰：墓加干，干为儿，逢冲则儿出。天后已受墓制，更逢戊戌重土，则绝矣。一喜一忌，原议亦见不及此。

问：伤干忧子，伤支忧母。此课干受克，支受生，何以子全而母伤？曰：天后六合既见，吉凶须凭此断，不独干支难泥。即子爻财爻亦不作类神看。前云墓神冲儿出，仍以六合为主。若不遇长生，更乘恶煞，虽冲墓亦不吉。

占验一百○五

○咸丰戊午年寅月癸酉日酉时，寓兴安，占回家。

鬼墓兼游子斩关交车课

青空白常

官辰蛇	贵元勾蛇	申酉戌亥

鬼未勾　卯子未辰　勾未　　子元

官戌白　子酉辰癸　合午　　丑阴

巳辰卯寅

朱蛇贵后

正议：问：游子斩关，俱是动象。日禄归支，利于回家。魁罡又加年命，胡不归？曰：元武贼符加支，课传众鬼重重，斗系丑未，故土难安。斩关逢吏，交车相合，仍是动而不动之象。且游子见丁，总属浮云。惟癸日重土，为春雷脱难，卯木子孙作贵，震雷当春，平地一声，群凶自解耳。

案验：夏季粤匪复来麻城，杀伤无算。冬月英夷入汉通商，回家不果。

励德课象随

　　凡天乙立卯酉，为励德课。盖卯酉为阴阳交易之位，贵人临之，门户摇动，进退分焉。如干支阴神属卑，乃妄立贵人前，是小人恃势不敬，定当黜下，主小吏退剥。干支阳神属尊，乃退处贵人之后，君子谦冲循省，定当进用，主大吏升迁。此天道酬忠，奖励有德之意。

　　占主反复不定，小吏黜，庶人身宅不安，宜谢土神。此外有干支阴神俱退在天乙后，为微服，君子升，小吏黜，事迟，干大可，小不可也。干支俱进在贵虎，为蹉跎，小吏迁，君子黜，事迟，小可大不可也。

〇咸丰丙辰年酉月癸卯日卯时，友人占贸易。

励德课

```
                        朱合勾青
      鬼未朱   朱贵贵阴    未申酉戌
      父酉勾   未巳巳卯    蛇午    亥空
      兄亥空   巳卯卯癸    贵巳    子白
                        辰卯寅丑
                        后阴元常
```

正议：贼符加干支，逶迤脱泄，因兵事而大耗财物。惟遥克坐空，日上子孙制鬼，罡塞鬼户，勾陈克元，只在西南告警，不得来此。而贵临卯酉，心多疑惑，丁马冲支，门户不免动摇。

案验：贼在平利，而安康闭城，人心惶惶，以致播迁，耗财。后却无事。巳年财爻填实，教读稍补前空，然精卫衔石，终觉徒劳耳。

盘珠课象大壮

凡太岁月建及日时并三传皆在四课之中，曰"盘珠"。如甲子年七月乙巳日酉时占，岁月日时皆在四课之上，为天心格，主事远大非常，干朝庭可以成就。如辛亥日占三传戌酉申，皆在四课之上，为回环格，主谋为得遂，吉凶之事皆成就。二格合一，如盘中走珠，不出于外，故名"盘珠"。

日用旺相，神将吉，吉事成，行人回。若天空朱雀临太岁，主朝信即动，尤的。三传年月日时顺行，为移远就近，缓事反速；或斩关课，日辰乘龙合及占时为用，中末传空，乃动中不动，寻远就近。惟柔日昴星伏匿不动耳。又如太岁加河魁，魁加岁，为重阴忧女；月建加天罡，罡加月为重阳忧男；戌与岁加月为阴覆阳，事在内；月与辰加岁为阳覆阴，事在外。此时传及年命虽吉亦凶。

盘珠课占病讼、生产、忧疑、解释事，反凶。

占验一百〇七

○道光己酉年巳月乙丑日丑时，夏姓船占失物。

盘珠兼兼和美周遍课

<pre>
                          蛇朱合勾
子巳青   青元常贵   丑寅卯辰
财丑蛇   巳酉申子   贵子   巳青
鬼酉元   酉丑子乙   后亥   午空
                          戌酉申未
                          阴元常白
</pre>

正议：问：三传秋局，朋克日干，斧斫干柴，干乘正贵，保无官事乎？曰：课名盘珠，去而复来。首尾相见，物可全获。三六相呼，不至伤情。众鬼虽彰，幸子水脱传生干，群凶悉化，何事之有？三传纯阴，巳为双女门第。四课发用，必宅旁西南二阴人盗去。酉鬼被阴神克制，盗有危心自首，其物有三件，破碎入传，现在拆散，后必全归。干支周遍故也。月建为用，不出月内可获。

参议：问：以鬼为贼则巳为擒贼之神，何为二女盗去？曰：酉克日，巳会酉，均日上子水为救神耳。

案验：时夏船来占，月之二十七日也，原断三日必获，至二十九日辰刻毫无踪迹。次日寄语于二十九日夜获，乃担夫误送别家，非盗也。过数日，亲诘之，却悉如所占，前盖有所讳而托辞耳。

占验一百〇八

○咸丰癸丑年卯月辛丑日巳时，江廉访忠烈公在制署闻通城变，回署占动静。

周遍课

<pre>
                     勾合朱蛇
财卯后 合常空后   戌亥子丑
兄申空 亥午申卯   青酉   寅贵
父丑蛇 午丑卯辛   空申   卯后
                     未午巳辰
                     白常元阴
</pre>

正议：此课不独近剿，用有远征。初传月建，末传太岁，是由小及大，由近及远之象。干支首尾相加，剿贼之任，寄于身，非止一二处也。日上闭口发用，此匪易除，支阴又乘马制鬼，彼处必有献囚之事。

案验：越二日奉制檄往通，复至广济、江西剿守兼营，旋奉旨南征，献囚之说亦准。

全局课象大畜

凡课得三合俱在传者，为全局。凡五行正气，入于杂揉之体。生旺墓异方同聚，事关众谋，从杂不一，不然三处干事，委曲托人，与人相合之类。

润下多系舟楫、沟渠、网罟、鱼鳖等事，主迟留屈伏，亦浮游不安。上就下吉，事多下贱人当之，占讼亦牵连下人。占天雨，孕生女，病凶，以天罡作墓故也。占文书不利，为克雀故也。寻常水神水将多者，亦欠吉。三传喜顺，倒非水性，后合并定主淫，元武并定主盗，惟宜施惠于人。

炎上主文书，金并主炉冶事。火为日，象君。宜奏对，得驿马，贞位为天子持权。仕人差遣快心。驿马贞位者，以罡加日建，视马上所得神为贞神，年命遇之更吉，常人占主口舌，及宅不安。火鬼并，火灾；朱雀并，官讼；天空并，屋塌；病者多热，或在于心；见后合，妇人血病；占天，大晴；占人，性急文明；行人来，火性动也。失物藏窑炉处；占事多虚，或朋党鼓扇，先喜后嗔。盖焰焰不久成灰矣。忌戌加寅为墓临生，火以虚而明，实则反暗；午加戌主失马，入墓故也。戌为狱神，传墓有讼狱事；壬癸为财，其实为鬼，盖火生土，土能克水，名子母鬼。凡占主破散骨肉。大都炎上利于见官，雪明皂白。春夏占为恃势，谋事成。庚辛日带煞，来意主中病讼。如年命更乘火神，病死讼凶。辛酉日寅加辛为用，主因财成怨也。

曲直占主进退未决，动则如意，不动不安。盖震为木，主动也。春占最宜。自下传上，则直，未卯亥是也。自上传下则曲，亥卯未是也。卯加亥先曲后直，占事始难终易。卯加未先直后曲，占事有始无终。木主风，风传事，病因肝症。凡亥加卯……天将内战主失财。未主桑绢之属……命尤应。未加卯作后，阴人灾病，有离哭之兆，失物藏林木器中。曲直作鬼，讼主枷钮。

从革主占革故鼎新，遇旺相吉神，革变富贵，遇岁月破及蛇虎，主死丧兵变。日干死囚，有西行之兆。酉为秋令肃杀，万物愁苦。巳加酉，仕人差遣改易，常人道路门户，改革不安，或有阴人离别之象；占婚大忌，仍以衰旺神将言之。大都从革与金鬼并遇，秋作游都，定主金革、血光、逃亡、藏山之处；病在肺在筋骨，讼有罪，三传见劫煞，故也。求财获珍宝，远行隐遁最宜。然此课虽宜改动更新，必值酉加巳，巳加酉，方孚改革之应。若火多金少，火旺金囚，或将得武后盗金气，即名从革不革，来意主事欲动未能。

稼穑占主沈滞，戊己日更属艰难。惟壬癸日为脱难煞，谓物极则变，变则通，危反解散。常人占则名鲸鲵归润，凡事逼迫不由自己，遇雷神方能变化。雷神者，太冲六合也。凡占多系耕农、土工、筑室、田宅事。若日辰年命乘死气，为坟墓事。乘煞坟墓不安。巳午加日辰年命则理窑灶事。寅卯加为耕农。申酉加为修城筑室。亥子中为治沟河。六合青龙为田宅交易。大凡为事迟钝，病者在脾。如占田土，发用辰将，得空贵勾常，主因田土争斗带众。天罡为部领之神，勾陈又住戊辰土方，定主带众。如将不遇此，主两人争竞田土。甲乙日占钱物。大抵土气重，带煞冲破者，托人费力，谋事反复。

以上五课皆无休歇之象。一事去又一事来，必得吉将用事，须人引进方可，俱不利解散事。

占验一百〇九

〇咸丰丁巳年寅月甲子日申时，自兴安府迁汉阴县，占起馆。

润下兼解离课

朱合勾青

```
财辰元   蛇元合后     酉戌亥子
鬼申蛇   申辰戌午   蛇申    丑空
父子青   辰子午甲   贵未    寅白
                   午巳辰卯
                   后阴元常
```

正议：问：三传会局递生日干，是"朋盍簪"之象也。然合中犯煞，干支互克，支上元武发用，又似寇氛未靖，不可以馆之象？曰：吾初亦以凶断。细玩，火曰炎上，干上午火脱气，六合逢空。水曰润下，支能化鬼生身，是在下吉而在上凶也。且斩关主动，解离宜去此而复故处也。何为故处？辰旧太岁，又自支而传支，水冬局非现在也。合中犯煞，在此则破局，而投彼则

128

无碍也。如此看去，自面面圆活。

附议：神明降课，自有深意，断之不准，遂谓不灵。而又不能复按其故，是以终无进步。

案验：汉阴馆尚未定，本月兴安来接，雇舟下流，连年生徒颇多。

占验一百一十

〇咸丰癸丑年寅月丙寅日卯时，邹姓占寄寓久暂。

炎上课

```
                          勾青空白
子戌蛇   元蛇贵勾       丑寅卯辰
兄午元   午戌酉丑   合子     巳常
父寅青   戌寅丑丙   朱亥     午元
                          戌酉申未
                          蛇贵后阴
```

正议：支作长生，寄寓者，母家也。合中犯刑，外面似好，而内实不谐。干墓加支，屈而不快之象。辰月冲戌，必归本宅。

参议：问：正时丁马乘卯，二月应动？曰：卯为转神固当动，然与戌合，尚有所绊，必冲墓之月而始行也。

附议：问：因谁不谐？曰：财逢破碎，后逢支月二破，主阴人不谐。又初传乘天喜旬空，三传皆阳主生女不育，自墓传生不育而又孕也。

问：三传火局制后，安知非母不利？曰：戌为子爻，空则不实。戌为天喜，空则不吉。而后坐本家，会水，火不足虑也。

案验：时寓母家，母与舅母有不谐之意。三月回宅，七月生女不育，不久又孕。

占验一百一十一

○咸丰甲寅年卯月戊戌日午时，在江西省占杨乐庵何日到。

炎上课

　　　　　　　　　勾合朱蛇

鬼寅后　白后贵勾　　酉戌亥子

父午白　午寅丑酉　青申　　丑贵

兄戌合　寅戌酉戌　空未　　寅后

　　　　　　　　　午巳辰卯

　　　　　　　　　白常元阴

正议：本传会局，偕行者多。初末后合，必携女眷。子孙乘丁加干，我家亦有子来。自岁传日，由远而近，末足抵支，今日应到省城。

案验：本日薄暮抵岸，次日进城。

参议：问：丁马旬空，雨师会毕，应为同雨所阻？曰：白虎催程，不致久羁。自生传墓，墓绝为至期，而墓即日支，故主本日至。

附议：凡占须看何事，如《指南》云"后合占婚岂用媒？"此课不得援以为例，即占婚无不正神将，亦不遽指为泆女，不过女家先有意耳。

占验一百一十二

○咸丰甲寅年午月辛酉日辰时，黄姓代占讼事。

炎上课

　　　　　　　　　青勾合朱

财寅贵　元蛇常贵　　酉戌亥子

鬼午常　巳丑午寅　空申　　丑蛇

父戌勾　丑酉寅辛　白未　　寅贵

　　　　　　　　　午巳辰卯

　　　　　　　　　常元阴后

正议：此案有抢夺，有人命。事关大众，两造皆受其累。岁月入传，案必达部，非州县可了也。

问：何以知有抢夺？曰：三合作鬼，初传寅财劫煞，非伙众劫抢而何？

问：何以知有人命？曰：支乘蛇墓，戌作勾陈，带死气，又丑戌相刑，是争斗而死也。但抢劫在先而斗死在后耳。

问：在狱者有生路否？曰：三传递生，贵神俱属土，泄火生辛，正时辰为生气，可不致死，然酉巳相加，发配则不免耳。

案验：

先有数百人劫抢告官，已拿获数人，而原告复率多人抢烧被告之家，彼此争斗，杀死原告数人。

占验一百一十三

○同治己巳年申月乙未日酉时，有人占宾主。

全局曲直兼刑害课

			蛇朱合勾	
禄卯合	后合常贵	丑寅卯辰		
父亥后	亥卯申子	贵子	巳青	
财未白	卯未子乙	后亥	午空	
		戌酉申未		
		阴元常白		

正议：问：宾主不投刑在上，合中犯煞蜜中砒，当见几而作？曰：干支互刑交害，非主有疑忌，而主所属者不谐也。盖子贵生日，而干阴德神助生化刑，不致相离。卯为支之三合，乃东家亲眷，得天后长生，彼亦不得脱去。但天后传墓乘白虎会丧吊，其内主人恐不久耳。

案验：居停系现在大员，曾为房荐获中，情如胶漆，不投者亲属耳，究竟无碍。

参议：问：今为大员，昔为房师，于课象有所取否？曰：官建旺，非显宦乎？幕生正贵文书，非房师乎？但于事后参之以见神机之密，非前知也。

问：干加支克支为赘婿，卯为日禄，应属本身，何以又为主之亲眷？曰：此要分干支，若以禄属己，则混眼矣。盖子卯为互刑，非自刑也。卯既刑干上神，自是他人。申子既以德生我，自是我之贤东。此亦如君子责日德，小人责支刑之例。

附议：干为己，干阴为从。支为人，支阴为人之从。如支上生干，合干。支阴克干，此主好而主之从不好。正格也。而此却以第三课作第四课看，变格也。《易》卦初为始，末为终，而遁又以初为尾，干又以上为首，亦随卦情为变通耳。

占验一百一十四

○道光庚戌年亥月乙亥日未时，张仲豪先生占谋望。

全局兼涉害侵害课

```
                    青空白常
财未后   白后贵勾    丑寅卯辰
禄卯白   卯未申子  勾子    巳元
父亥合   未亥子乙  合亥    午阴
                    戌酉申未
                    朱蛇贵后
```

正议：幕贵当旺生日，得有势之上人提携，子月必成。

问：干支上神子未相害，其如彼此猜忌何？曰：正惟猜忌，必来助我。盖支为日之长生，宾主相得，已人伊处，虽有亲著仇忌，而自墓传生，究竟顾我情深，且财由支动，乙木坐而受生，并不待我往求也。

参议：天后逢天喜人墓，末传六合作长生，主妾现在生子不育，而复孕终有四子。

案验：仲翁为人端厚友爱，贺姓聘管典事，倚重数十年。因造房受累，不无旁议。至冬月东家自愿助以千两，居奇自补。而宾主如初。其妾果生一子不育，厥后多男。

附议：占交关事，须看人情曲折处。或合有有害，或害中有合。究竟是合是害，必细心玩索乃准。若见侵害课便言凶，和美课便言吉，则误矣。

附录：三合支神为眷亲，未为偏财，故主妾孕。

占验一百一十五

○同治己巳年未月癸丑日卯时，藩库厅姜春圃先生占致仕回籍。

全局从革课

```
                    勾青空白
父酉勾   勾贵勾贵    酉戌亥子
鬼丑常   酉巳酉巳  合申    丑常
财巳贵   巳丑巳癸  朱未    寅元
                    午巳辰卯
                    蛇贵后阴
```

正议：课传三合回环，发用勾陈，一时难动。且三传推生，太岁作贵人日德加本命逢生气，行年上见戌土青龙佩印，正当时旺。三传递生，官必升迁，毋庸告致。正时卯为舟车，值旬空，被课传冲克，不利涉大川。

案验：占课后三日，半夜起病，天明作古。余闻之诧然。向来占必存案，其不验者，必覆思其故，惟此课再三详覆，竟无死象，不可强解，请俟高明酌之。

附录：先生年六十五，强健无异少时。德忝同庚，气体远不及，乃赴夜台，如斯其速，亦人情所不能料者。回忆五年前到省，屈驾三顾相左，今岁一见，如旧相识，未匝月而遽别，何缘之悭也！先生为人忠厚坦白，有怀必吐，无言不真，取不苟，施不吝，在厅十四年，不求显达。虽气象微粗，而磊落光明，晚近亦不多见，故录之以志余过，且不没其真焉。

占验一百一十六

○咸丰甲寅年卯月乙巳日午时，在路占江西武宁。

从革课

```
                          蛇朱合勾
   鬼酉蛇  青蛇勾贵     酉戌亥子
   财丑青  丑酉子申  贵申    丑青
   子巳元  酉巳申乙  后未    寅空
                       午巳辰卯
                       阴元常白
```

正议：蛇鬼发用，主土匪生变。春得从革，难免肃杀之凶。三六交车相合，结连日久不散，邻县俱遭劫掠，省垣亦必动摇。但游都恋生，此时西贼无意于省垣耳。秋旺此地亦不能安静。

案验：土匪杀人不少，据城破狱，旋即散处湖北界上，官兵收复武宁，四月又引西贼攻破之，官兵屡战不克。

占验一百一十七

○咸丰丙辰年申月己丑日巳时寓兴安，占往谷城接眷。

稼穑课

```
                青空白常
  兄丑蛇  蛇蛇白白  巳午未申
  兄戌阴  丑丑未未  勾辰    酉元
  兄未白  丑丑未己  合卯    戌阴
                寅丑子亥
                朱蛇贵后
```

正议：问：任信无丁，似乎不动？曰：自支传干，虽无丁马说，必由彼来此。从其象也。且蛇虎纵横，游都加支发用，定因寇贼惊恐。而土主迟滞，三刑亦多参商，喜时上青龙生日，不致大凶。

案验：八月果因兵警启行，延至十月始到，因船户刁拦之故。

元胎课象家人

凡孟神发用，传皆四孟，为元胎课。盖四孟为四生之局，又为五行受气之位，如木生于亥，火子受气；水生于申，木子受气之类，此元中有胎，故名"元胎"。

占主事皆新意，有婴儿隐伏之象。最宜于产，求官、求财、求婚，皆以长生大利；病讼艰难，行人不来，捕贼不获，恋生故也。若老幼占病，为后世托胎之凶象。凡寅加巳之类，为进步长生，主事速，故名"病远胎"，又名"忧课"，下为五行病处，怀胎有忧。寅加亥之类为退步长生，主事迟，又名生胎。盖下生上乃身临长生之乡，怀胎大吉。发用财爻得天后值生气胎神定主有孕。年命见之尤的。常占遇三刑及凶将，必有忧疑惊恐。父母发用尊长见灾；子位空亡，为元胎不育。凡占无成，更艰子息。天后空亡，因子伤母。

此课虽系新鲜喜庆之兆。然多身喜心忧。盖为腹中有孕，心自悬悬，主事远而多伏，暗昧不通，触则生祸。若反吟课为绝胎。

占验一百一十八

○**道光庚戌年丑月壬申日辰时，前任邑侯张仲远夫子占赴汉阳。**

元胎课

蛇贵后阴

财巳阴	蛇阴阴白	寅卯辰巳
子寅蛇	寅巳巳申	朱丑　　午元
兄亥勾	巳申申壬	合子　　未常

亥戌酉申

勾青空白

正议：申为天城，作日长生，三传递生，此去必得保举。又申为传送大将军，支来加干而生干，主驿递督兵，大宪提携。但日干遇空，末传旬空，明年太岁冲克财爻，未免大耗之累。进步长生，为病中元胎课，死气发用，胎产亦危。

案验：明年九月新任制宪督兵过汉，遥驻湖南，冬月保升二府，四月生女妾故。

附录：日干遇空赤贫断，支临日而生日名自在。

占验一百一十九

○**咸丰甲寅年辰月丙寅日午时，易怀林占终身。**

元胎兼富贵课

蛇贵后阴

财申蛇	蛇勾阴蛇	申酉戌亥
鬼亥阴	申巳亥申	朱未　　子元
父寅白	巳寅申丙	合午　　丑常

巳辰卯寅

勾青空白

正议：问：干支禄马，当是富贵之象？曰：天罡加丑命，贵而不贵。勾陈会禄，白虎乘寅，乃公门役吏也。三传递生见食于人，颇得荐举。初传申财岁破，又遭夹克，干支合中有刑，常为朋友损己。中传幕贵作官，冲禄害财，中年与官不合。末传长生，晚境颇好。辰丑相加，寿有八十五岁。虽有小病，不妨。子作青龙，喜逢建旺，可谓代有传人矣。今年妻防损，或因胎

135

不足月而堕。

案验： 系宜春县学书办，所断皆符。

附议： 此老已七十余矣。若英年占终身，决不答。盖事之成败，半由天命，半由人力。尽委于数，便是无志。有志者，人定胜天。即一时一事且有转移之方，况终身岂可妄断乎？《易》曰"上下无常，进退无恒。"亦在人之自求耳。

连珠课象复

凡用神传在一方，相连作中末，为连珠课。如三传寅卯辰之类。孟仲季神相连，若贯珠，又名连茹；茹，菜也。拔茅连茹，言其相牵引也。

占主事体重叠，顺连茹事顺，退连茹事逆。

凡日辰夹定三传，主进退皆不由人，占病、讼、解、除事不利。

凡三传有支上发用，传归干上，为朝干格，主成合事不求自至，无心中得。神将凶，主祸来不期，病产更忌。有干上发传，及他处发传归支上，有支上自发用相连作三传者，为三传朝支格，不免俯就于人，受其抑勒，旺相犹可，死囚更凶。宜静不宜动，利卑不利尊也。如甲午日三传辰巳午，末传引入死地，缘何会好？占病必死，行人不来。

占验一百二十

○咸丰甲寅年午月丁卯日午时，袁州欧阳姓占讼。

斩关兼进茹课

		青勾合朱
子辰白	空白朱合	午未申酉
兄巳空	巳辰酉申	空巳　戌蛇
兄午青	辰卯申丁	白辰　亥贵
		卯寅丑子
		常元阴后

正议： 此劫案多人而领首者则子侄辈也。盖辰为领袖作子孙，巳带血支，更妨伤人。

参议： 问：何故得脱？贵加辰戌为录囚，或逢赦而出乎？曰：亥贵逢空，又坐死狱，支上神虎克之，是贵人自罹凶灾，狱人得乘隙而出也。

案验：查系抢案，族佺为首。后粤匪至袁，狱囚自出。

占验一百二十一

○咸丰壬子年五月戊戌日丑时，占来年家祠可馆否。

退茹课

```
                        合朱蛇贵
  鬼卯勾   后阴勾合     辰巳午未
  鬼寅青   申酉卯辰   勾卯      申后
  兄丑空   酉戌辰戌   青寅      酉阴
                        丑子亥戌
                        空白常元
```

正议：日上六合逢空，此处丧朋，而他有所适也。

问：三传退茹，魁度天门，如之何，其可去也？曰：退茹退中有进，而辰冲河魁，不终于止也。

问：何事而进？曰：白虎太阳加命，勾陈发用，支上太阴皆争战之神。明年太岁幕贵加年，定有督兵官或提刑官延入幕中。

案验：馆事未就，次年江皋宪访延至省。

占验一百二十二

○咸丰癸丑年辰月戊午日戌时，王子章占前任方伯唐子方大人来否。

退茹课撞干格

```
                        合朱蛇贵
  鬼卯勾   合朱勾合     辰巳午未
  鬼寅青   辰巳卯辰   勾卯      申后
  兄丑空   巳午辰戌   青寅      酉阴
                        丑子亥戌
                        空白常元
```

正议：问：日禄加支，传作退茹，似非出山之象？曰：命作幕贵，志甘林泉。皇书乘马克日，朱雀乘丁生岁，交车推荐，天诏难辞，是退而仍进也。但魁度天门，时有阻隔，四月必动，动则不吉耳。盖丑命逢空，被初中贼神鲁都克之，又日上河井相加，太岁遭虚，身入鬼门，皆非吉象也。

案验：甲寅年寅月赴水殉难。

占验一百二十三

○咸丰癸丑年卯月壬申日酉时自占家宅。

六仪兼进间课

		朱合勾青	
兄子白	白青阴常	未申酉戌	
子寅元	子戌卯丑	蛇午	亥空
鬼辰后	戌申丑壬	贵巳	子白
		辰卯寅丑	
		后阴元常	

正议：太岁有严君之象，乘常克日，青龙为长者，作鬼加长生之位，又为孝服纸钱煞，下季定有孝服。两贵夹拱寅年，水日逢丁，六仪发用，本月即有贵人相助。

问：辰冲戌，凶可散否？曰：凶空不宜冲，冲则反动。

案验：本月江廉访托张公相延，八月见父孝。本年四月廉访下江南，劝同行，情意诚恳，予以父年高婉辞，不然，则抱终天之恨矣。

占验一百二十四

○咸丰甲寅年卯月辛卯日酉时，占人来否。

进间遥克课源消根断格

		蛇朱合勾	
官巳后	蛇后常空	未申酉戌	
父未蛇	未巳寅子	贵午	亥青
兄酉合	巳卯子辛	后巳	子空
		辰卯寅丑	
		阴元常白	

正议：二马发用遥克日干，自支发也。今日已从家起程矣。亥日马绝必到。

参议：问：女眷同来否？曰：初传巳为双女乘骐，末传酉为少妇，必妻与女俱来。且仰首见子，占者之子亦来相会于西门外，以末足抵日故也。

问：中末逢空，半路或转？曰：未为风伯，不过中路稍阻。传贵俱顺，必不转矣。路上遇贼亦无妨者，鬼临旬尾也。

案验：阻风一日，卯日动，亥日到，来人俱符。

占验一百二十五

○咸丰甲寅年辰月庚戌日申时，占往湖南。

进间课

```
                    空白常元
子子后   蛇后后元     未申酉戌
财寅蛇   寅子子戌    青午      亥阴
父辰合   子戌戌庚    勾巳      子后
                    辰卯寅丑
                    合朱蛇贵
```

正议：问：贵登天门，罡塞鬼户，利于迁移。而支上脱干，又宜不动，奈何？曰：动则动矣，但半途而止耳。

问：何故中止？曰：游都加支发用，中末逢空，彼处必有兵灾，不可前行。但元武月破，贼必败走。至明春可由中路前行也。

案验：行至袁州，行旅困乏，遂止焉。十余日湖南寇至，败过袁州，进必有阻。乙卯年正月由袁州进湖南。

占验一百二十六

○同治甲子年酉月庚寅日卯时，嘉鱼人占舟中失钱。

斩关兼进间课凑合格

```
                    空白常元
父辰合   青合后元     未申酉戌
鬼午青   午辰子戌    青午      亥阴
禄申白   辰寅戌庚    勾巳      子后
                    辰卯寅丑
                    合朱蛇贵
```

正议：此钱非窃去，乃受载时，周姓之钱未来，而舟遂开也。盖格名凑合，系众人凑载，而中传午为周姓，逢旬空，有虚一待用之象，时上朱雀临门，天喜斩关发用，辰日必有信到。

案验：第三日信来，是周姓收票未收钱，而船家误执收票，以为钱到矣。

附议：问：元武临干，初遭夹克，青龙落空，应主贼劫财空？曰：见元以为盗，见虎以为病，则泥而不通矣。须看元武受制，而乘神生日，正时与支作财不空。且克元武乘神，何患于盗？中传午鬼，正喜旬空，青龙乘空，钱未到船也。夹克非财，又属他人，于我何忌？

问：午何以为周？曰：周国分野在午。

问：午宫姓不止周，何独举此？曰：见凑合格便嘱船家"悉报凑载之人"，内有周姓故云。

占验一百二十七

○咸丰甲寅年巳月丙午日午时，饶姓占家宅。

进间兼重审交车课

				朱蛇贵后		
财申蛇	后蛇贵朱			未申酉戌		
子戌后	戌申酉未	合午	亥阴			
鬼子元	申午未丙	勾巳	子元			
				辰卯寅丑		
				青空白常		

正议：初传财遭夹克，干阴财逢破碎，应主兄弟之女，有口舌自缢之事。申为日马，合日而逢岁破，合则为孕，破则为产，乘马则动，申日必生。纯阳是女也。子孙乘丁加日，必有子辈来此得信。

案验：四月二十八日丙申生孙女，五月初一日侄来，侄女之媳口舌自缢。

附议：问：口舌何以应在兄弟之女？曰：干上未为子孙，丁为丙之弟，午支亦为干之弟，支阴戌作子孙天后逢墓，故知为兄弟之女也。

附录：《大全》"酉未加之姑嫂离。"言酉未相乘主阴人别离，而酉为死气更的。

问：口舌起于侄女，而死何以在其媳？曰：死气在酉，酉又为未之子孙，未乘丁，自生而克酉。

问：何为自缢？曰：蛇形如带，又坐午为悬索，夹克申财，非自缢而何？

占验一百二十八

○咸丰甲寅年辰月乙亥日未时，江西宜春县东门李姓占家宅。

进间兼解离课

蛇贵后阴

鬼申贵	青白贵朱	未申酉戌
财戌阴	卯丑申午	朱午　亥元
父子常	丑亥午乙	合巳　子常

辰卯寅丑

勾青空白

正议：干支互克上神，为解离。必有析居之事。虎朱相加，丑午相害，各怀疑忌，致有雀角。破碎克支，兼作寡宿，主嫠妇口舌。太阴月破，戌财遁甲，乃兄之妻也。朱乘脱气，事因子辈虚花，被人脱赚，以起争端。丑戌相刑，为田产。凡入公庭，喜引鬼为生，不致成讼，白虎乘丁，恐为贼摇，内眷不免迁移。

案验：侄有虚花，叔嫂不和，急欲分居，次日闻谣，城内皆迁。

附录：乡勇局绅士刘秀谷兄，占家宅同前，时宜春谣传贼来，占家宅者多因此断云：发用值空，游都夹克，贼在湖南必败，末冲日上午火，败贼不免过界。支上丑克游都，不能入城。但朱雀脱日，浮言动众。支上丁马，课名解离，必有播迁之事。外患无妨，须防克妻。

后数月，秀谷无病而终，应丑命，不应支神也。

占验一百二十九

○同治癸亥年午月戊戌日酉时，寓陕西汉阴占动静。

退间课

勾合朱蛇

兄丑空	蛇后空勾	卯辰巳午
财亥常	午申丑卯	青寅　未贵
子酉阴	申戌卯戌	空丑　申后

子亥戌酉

白常元阴

正议：问：交车相合，一旬周遍，似不能动？曰；现在不动可也。八月酉乘丁马，其势必动。盖丑命乘天空主逃亡。又坐克方，不能安于此地。贼符游都加干支，全赖末传酉为救神，冲破卯鬼，更遇太阴乘丁，正好脱去重围，久则为倒拔蛇矣，其能退乎？

案验：果酉月动身，未久贼来，稍迟则船路梗塞，必陷于贼矣。

附议：象者，像也。像则无物不该，非可以一端泥也。如交车、周遍，在平时则为宾主相投，情意周洽，而此课乃寇贼重围交结之象，不遇丁酉一冲，则有翅难飞，危矣哉！

占验一百三十

○同治甲子年申月辛未、壬戌日未时朱、张姓占病。

间传课顾祖格

			贵后阴元
财午元	元白常空	卯辰巳午	
鬼辰后	午申未酉	蛇寅　未常	
子寅蛇	申戌酉壬	朱丑　申白	
		子亥戌酉	
		合勾青空	

			蛇朱合勾
鬼午勾	蛇后勾空	卯辰巳午	
父辰朱	卯巳午申	贵寅　未青	
财寅贵	巳未申辛	后丑　申空	
		子亥戌酉	
		阴元常白	

正议：此两课俱是时症，决其难过子时。盖不论生克，而以课体课象与命断者也。二人俱在客途，而课得顾祖乃舆尸伴祖之象。子命逢月内死气，上乘疫煞，而下投鬼门，一交子时必死。

问：后一课，末助初鬼，辛日逢丁，固凶。而前课末传子孙制鬼，虎作长生似无妨？曰：子为印伤，印为财破，见生不生，见救不救。且元武为收魂煞，太常为孝服煞，申酉为锹镢煞，初传天马传墓，正时关墓克日，禄空命空，大象凶多难救矣。

杂状课

　　凡课俱取初传动爻，以别五行、纯杂、数目、物色为用，曰"杂状课"。纯者，子午卯酉四仲为纯，寅中有生火，一杂；辰中有水土墓，三杂；巳中有生金，四杂；申中有生水，五杂；未中有木墓，六杂；又申中有生水，七杂；戌中有火墓，八杂；亥中有生木，九杂；丑中有金墓，十杂。如寅卯为木，春寅怀火杂木，故卯为纯木也。季火金水皆然，惟土守中宫，分旺四季，每季前各旺十八日。总七十二日，合则成岁。故辰中有余木，未中有余火，戌中有余金，丑中有余水，各十二日，然四孟月怀胎，仲月娠壮，季月死墓，故谓之五行十杂，纷纭众事，其应不同。

物类课

　　凡课俱取初传动爻五行，以别五行、六亲、物类、亲疏、旺相、休囚为用，曰"物类课"。如甲乙日日干及寅卯发用，为己身同类，占寅为兄，卯为弟，寅中甲为姐，辰中乙为妹，亥中甲为伯之兄弟，未中乙为叔之兄弟，子为父，亥为母，亥中壬为伯，丑中癸为叔，申中壬为长姑，辰中癸水为小姑，申为祖父，酉为祖母，巳中庚金为伯祖，戌中辛金为叔祖，丑中辛金为祖姑，未墓为妻，辰为继妻，丑为妾，戌为婢妻。土生庚申金，为媒人。午为男，巳为女，寅中火为兄之男女，未中火为弟之男女，戌中火为姐妹之男女。生祖者为曾祖，生曾祖者为高祖。男生者为孙，孙生者为曾孙，丙丁日火，戊己日土，庚辛日金，壬癸日水，六亲之类，各仿此推。惟妻妾则阳为妻而阴为妾也。若占父母出见，占子孙要子孙出现；或父母兴旺则克子孙，兄弟兴旺则克妻财，旺相相生吉，休囚刑克凶。阳神下临阳宫，有德合为亲；入阴宫为疏。阴神下临阴宫，有德合为亲；入阳宫为疏。更以神将吉凶参详，则富贵、贫贱、存亡，应验了然可见。此六亲吉凶之族类也。如刚日用起阳神，旺相有气，加日上是新物，用起阴神休囚无气，加日上是旧物，或甲日辰见亥，乃木生为将来事，主新物，应在父母。见卯乃木旺，为目下事，主不新不旧之物，忧在同类，己身朋友。见未乃木死，为死事。主已过旧事及旧物，忧在妻奴下人。又刚日用神在干前为未来，干后为过去；柔日用在干前为过去，干后为未来。或乙日属阴，妇德从夫，日上见辰为阳，是新生物，见未为阴，亦是新物，乃阴德在阳，乙庚化金，辰巳金生处，未亦金冠带之位也。丑加日上为死故物，金死墓于丑也。此阴阳盛衰新旧之物类也。如初传旺相，神将吉，末传囚死，神将凶，为始吉终凶。事先成后败。若初传休囚神将凶，带刑害，末传旺相神将吉，见德救制为始凶终吉。事先难后遂。此始凶终吉之物类也。统节之体，乃蜃气楼台之课也。

畢法案錄

[清]張官德【撰】

鄭同【校】

六壬毕法正文

第一法：前后引从升迁吉，第二法：首尾相见始终宜。

第三法：帘幕贵人高甲第，第四法：催官使者赴官期。

第五法：六阳数足须公用，第六法：六阴相继尽昏迷。

第七法：旺禄临身徒妄作，第八法：权摄不正禄临支。

第九法：避难逃生须弃旧，第十法：朽木难雕别作为。

第十一法：众鬼虽彰全不畏，第十二法：虽忧狐假虎威仪。

第十三法：鬼贼当时无畏忌，第十四法：传财太旺反财亏。

第十五法：脱上逢脱防虚诈，第十六法：空上乘空事莫追。

第十七法：进茹空亡宜退步，第十八法：踏脚空亡进用宜。

第十九法：胎财生气妻怀孕，第二十法：胎财死气损胎推。

第二十一法：交车相合交关利，第二十二法：上下皆合两心齐。

第二十三法：彼求我事支传干，第二十四法：我求彼事干传支。

第二十五法：金日逢丁凶祸动，第二十六法：水日逢丁财动之。

第二十七法：传财化鬼财休觅，第二十八法：传鬼化财钱险危。

第二十九法：眷属丰盈居狭宅，第三十法：屋宅宽广致人衰。

第三十一法：三传递生人举荐，第三十二法：三传互克众人欺。

第三十三法：有始无终难变易，第三十四法：苦去甘来乐里悲。

第三十五法：人宅受脱俱招盗，第三十六法：干支皆败事倾颓。

第三十七法：末助初兮三等讼，第三十八法：闭口卦体两般推。

第三十九法：太阳照武宜擒贼，第四十法：后合占婚岂用媒。

第四十一法：富贵干支逢禄马，第四十二法：尊崇传内遇三奇。

第四十三法：害贵讼直作曲断，第四十四法：课传俱贵转无依。

第四十五法：昼夜贵加求两贵，第四十六法：贵人差迭事参差。

第四十七法：贵虽在狱宜临干，第四十八法：鬼乘天乙乃神祇。

第四十九法：两贵受克难干贵，第五十法：二贵皆空虚喜期。

第五十一法：魁度天门关隔定，第五十三法：罡塞鬼户任谋为。

第五十三法：两蛇夹墓凶难免，第五十四法：虎视逢虎力难施。

第五十五法：所谋多拙逢网罗，第五十六法：天网自裹己招非。

第五十七法：费有余而得不足，第五十八法：用破身心无所归。

第五十九法：华盖覆日人昏晦，第六十法：太阳射宅屋光辉。

第六十一法：干乘墓虎无占病，第六十二法：支乘墓虎有伏尸。

第六十三法：彼此全伤防两损，第六十四法：夫妇芜淫各有私。

第六十五法：干墓并关人宅废，第六十六法：支坟财并旅程稽。

第六十七法：受虎克神为病症，第六十八法：制鬼之位乃良医。

第六十九法：虎乘遁鬼殃非浅，第七十法：鬼临三四讼灾随。

第七十一法：病符克宅全家患，第七十二法：丧吊全逢挂缟衣。

第七十三法：前后逼迫难进退，第七十四法：空空如也事休追。

第七十五法：宾主不投刑在上，第七十六法：彼此猜忌害相随。

第七十七法：互生俱生凡事益，第七十八法：互旺皆旺坐谋宜。

第七十九法：干支值绝凡谋决，第八十法：人宅皆死各衰赢。

第八十一法：传墓人墓分憎爱，第八十二法：不行传者考初时。

第八十三法：万事喜忻三六合，第八十四法：合中犯杀蜜中砒。

第八十五法：初遭夹克不由己，第八十六法：将逢内战所谋危。

第八十七法：人宅坐墓甘招晦，第八十八法：干支乘墓各昏迷。

第八十九法：任信丁马须言动，第九十法：来去俱空岂动宜。

第九十一法：虎临干鬼凶速速，第九十二法：龙加生气吉迟迟。

第九十三法：妄用三传灾福异，第九十四法：喜惧空亡乃妙机。

第九十五法：六爻现卦防其克，第九十六法：旬内空亡逐类推。

第九十七法：所筮不入仍凭类，第九十八法：非占现类勿言之。

第九十九法：常问不应逢吉象，第一百法：已灾凶逃返无疑。

六壬毕法案录自叙

四书六经之文,灵如龟筮。余谓龟筮容有不准,而圣贤之言,则无一字一句不爽也。夫神有大小,职有短长。筮短于龟,不准即其短处。龟长于筮,有所长,亦未必无所短。且龟从筮逆,筮从龟逆,龟筮亦有时不相合,而犹待折衷于人。况奇壬小技,犹难比于龟筮者乎?德生平所占多矣,兹录其经验者,不过十之一二,而此外之不验,何可指屈?则占卜其可尽恃乎?或曰:"既不足恃,何用学焉?"余曰:"文,艺也。卜,亦艺也。凡学百工技艺,皆自食其力耳。余性执,不善求馆,而今之学者,每以俸挟其师,又不能曲意俯就,故习文之下兼及众艺。不料粤寇猝至,得此以避凶,即得此以资生。虽曰小道,以视樗蒲之空误时光者远甚矣。"或曰:"占有不灵,岂不贻讥素餐?"余曰:"作师作官,果人人实受其惠耶?何于卜而独苛也?"然而军营中一言得之,得失关乎亿万人之死生,所以楚北之胡宫保、长安之谭中丞,再三敦请,皆未敢就。或曰:"胡宫保不喜言数,其欲致之幕下者,非为此也。"余曰:"时在陕,路隔三千余里。徒以小人之腹遥度君子之心,既而归楚,知不以术数待余,甚悔之。然而人各有能、有不能,素未谙练军务,妄贪保举,殊属可耻,虽负东山之拔,却无南郭之羞,其得夫可相抵也。"或曰:"不仕无义,盍为隐?"余曰:"隐者,高士也。吾何敢?素有志于奔走,而沉滞科第,渐及老朽,难为役矣。"或曰:"录此何用?"余曰:"韩子有言,细大不捐,与其蹈袭墨调为无用之文,不若一艺之小试,尚有资于日用也。况执艺以谏,亦何不可寓大于小哉噫?"向年家聘李寿昌先生教弟辈,得学六壬起式,时年十九岁。其后阅历于占验者四十余年,而究未能精。咸丰癸丑年江忠烈公岷樵皋楚时,访延署内一月,同幕有善化周顺堂兄讳安者,与德为心交,传以八门九星,此关军机,亦未敢练。旋忠烈公由江西巡抚安徽,德以父年高未能从,而顺堂兄亦从此别矣,今已作古,犹拳拳于中而不能已,故因录壬课并叙于册,以示不忘其所本焉。顺堂兄述其学传自李朗轩先生,盖楚南名士也。

条例

一、德初学起例，师即作古；其后罕遇南针，徒慨望洋，遂凭案录以参消息，日久积帙繁多，其较妥者梓之，以为后学之一助，若据为津要，则未敢也。

壬课书多，初学苦难扼要。前著辨疑以卦体为纲，此编案录以《毕法》为本，其中少参愚见，不泥古，究不离古学者。于《大全》中《卦体》、《毕法》两卷熟读有得，然后遍涉群书，庶胸有把握，不致茫无津涯。

一、占断起例及用工要诀，俱载《辨疑》，兹不复赘。惟于格局取用变通之方，更加体验。

原断有验有不验者，但依案而录之，以为考镜之资。譬若射之有鹄中者，留心其不中者，亦当反己也。

一、《毕法》格例，注于第一课，以便初学，一览也然。如引从格，初加某加干前，末加干后，余课遇此，只言格合引从，不再注，亦惜墨之道也。

一、案录只取妥协，不敢妄参臆见。间有变通处，可开觉悟之门，则于题目上加一单圈，以便留意参阅。

一、每课以圈为句，其于扼要处或变通处，则加双圈，使灿若列眉，不致为众说所纷也。

一、壬课虽属末学，亦必稍明易理，以达其源。参之人情物象以观其变，方能会通。若不熟格例，固不可；徒熟格例，亦无功也。

课例

课例一

前后引从　庚日逢丁　天网自裹　太阳射宅
○咸丰甲寅年巳月庚辰日辰时，占水府祠可久住否。

合朱蛇贵

财寅后	后勾白贵	戌亥子丑
父未空	寅酉午丑	勾酉　　寅后
子子蛇	酉辰丑庚	青申　　卯阴
		未午巳辰
		空白常元

正议：初传寅加干前，末传子加干后，为引从天干格。又初末夹拱天盘丑贵，为拱贵格，利于迁移。

问：庚逢旬丁似有祸？曰：静时见丁，又乘凶煞，须防祸动，现今逃难，最喜丁马；三传寅未子，名天地独通，反为吉。且日干加于财位，并许避难得财，丑命作贵，日墓有冲，亦非天网自裹。

问：动在何时、何事？曰：此时所迁不远，仍是庙社之所。年终本省恐为剿贼、有贵相迎。以太阳加支，支乘玄，上逢勾，故也。即不就，亦有远行，因太岁作马，断非寻常之动。

案验：是年粤寇犯楚，逃至江右袁州宜春县水府祠，占得此课，辛丑日果迁城隍庙，城隍土贵神也。后胡中丞飞檄来聘，未就。自此之樊之秦，转徙数千里，到处逢迎，未及于难，馆谷亦丰。

附议：问：何以分远近？曰：干为现在，支为他处。丁马在旬内，岁马主远行。此亦想当然耳。阴神俱克干支，此处亦不可久。嗣后袁州被贼。

课例二

前后引从

○甲寅年辰月丁巳日卯时，寓樟树，占往袁州，丑命卯年。

蛇朱合勾

财酉阴　　常蛇阴合　　子丑寅卯

子辰青　　未子酉寅　　贵亥　　　辰青

官亥贵　　子巳寅丁　　后戌　　　巳空

酉申未午

阴元常白

正议：问：干吉支凶，宜守本处？曰：此不可泥，须看课体如何。初末两贵引从行年，年上见天马太阳，命上见岁马日财，此为迁移之象。干上月马六合生日，与末传日马贵人相合，是迁而有庆也。

参议：问：涉害、度厄如何？曰：由家至此，由此至袁，艰苦已遍矣。而支上蛇鬼虚惊尚不能免。子辈亦防疾厄，然三课上克，全赖一课上生，且得吉神，可免大凶。袁州必多遇贵人，宜结林下士。而正贵坐墓，勿容见也。

案验：至袁州，四月子日，谣传贼来，出走。次子大病却无害。所交文士甚多，而衙门则不入也。

课例三

首尾相见　众鬼不畏　交车相合

○咸丰甲寅年戌月乙丑日申时，寓江西袁州府，占次子回家吉否。

青空白常

子巳元　　元蛇贵勾　　丑寅卯辰

财丑青　　巳酉申子　　勾子　　　巳元

鬼酉蛇　　酉丑子乙　　合亥　　　午阴

戌酉申未

朱蛇贵后

正议：三传鬼局，得日上子泄鬼生干，此行清吉无疑。但甲子旬首加干，癸酉旬尾加支，为首尾相见，即一旬周遍格也。末传又乘转煞，不免去而复来，交车相合，亦不离此地之象。

案验：先看此课，因末足抵支，谓可到家，且周遍交车，似送行之人，到家复转之象。讵料行三百余里，前路贼多阻隔，主仆皆转。盖转象已著，则支神不为本家而为本寓，自支传支，是仍不离此处也。

课例四

首尾相见　旺禄临身　冬蛇掩目　魁度天门
○咸丰甲寅年未月乙未日申时，寓袁州，占动静

		勾合朱蛇	
财戌阴	合朱空青	辰巳午未	
禄卯青	巳午寅卯	青卯	申贵
子午朱	午未卯乙	空寅	酉后
		丑子亥戌	
		白常无阴	

正议：格名周遍，事宜守旧。卯为木之旺神，又为日之禄神，卯加干上，曰旺禄临身，不可妄作。柔日昂星，名冬蛇掩目，象主闭藏，纵有虚惊，不能为害。且魁度天门，动则反有阻塞，不如不动之为妙也。

案验：拟赴粤东，旋闻有寇，致阻行程。九月命子回家，亦中途而返。

课例五

催官使者　天网四张　庚日逢丁
同治癸亥年午月庚子日巳时寓汉阴占兴安狱匪确否。

		青勾合朱	
鬼午白	白阴后朱	申酉戌亥	
兄酉勾	午卯寅亥	空未	子蛇
子子蛇	卯子亥庚	白午	丑贵
		巳辰卯寅	
		常无阴后	

正议：白虎乘神克日，为催官使者。盖占官喜官，而白虎主道路、有威权，故名催官使者。此课鬼逢建旺，有官人占之，不惟赴任极速，且主风烈

大臣，而常占则甚凶。况时用克日，四下生上，静坐必有奇祸，可喜末传子孙解网，中传又乘丁马，可以脱难，虽蒿矢遥射，贼必到此，宜速去之。

案验：果如所断

凡得蒿矢课，远贼必来，未可概言力轻也。

课例六

六阳数足
○咸丰壬子年酉月甲戌日未时占县馆可就否。

<pre>
                    勾合朱蛇
  子午蛇 蛇后元白   卯辰巳午
  财辰合 午申戌子   青寅   未贵
  禄寅青 申戌子甲   空丑   申后
                    子亥戌酉
                    白常元阴
</pre>

正议：子寅辰午申戌为六阳，课传全现，利于公干。五阳亦可取用。此课六阳数足，书院乃公举之地，似乎可就，然申鬼加支，支作日财，贪财必遭凶危，即申为旬空，虚惊亦所不免。

又《玉成歌》云：吉将遭伤求事阻。子为太岁生日，被玄武乘神克之，末传青龙被申破禄，吉将皆伤，发用蛇逢岁破，而贼符又加干支，何可就也？

案验：是冬，贼人入县城蹂躏几次，残毁不堪。

课例七

六阴相继　前孤后寡　二贵皆空
○咸丰甲寅年戌月丁卯日午时王姓占祖坟

<pre>
                    勾青空白
  官亥贵 贵朱勾空   卯辰巳午
  财酉阴 亥丑卯巳   合寅   未常
  子未常 丑卯巳丁   朱丑   申元
                    子亥戌酉
                    蛇贵后阴
</pre>

正议：丑亥酉未巳卯为六阴支，课传全见，又逢太阴，占主昏暗不明。若得吉神吉将及太阳旺气，犹可反明于暗中。奈财德空亡，初终又见孤神寡宿，此坟必丧成财之子，多出孤寡之人，衣食亦且艰难。

案验：八房所共之坟，四六已绝，其余有用者多少年亡，房房有孤寡，且贫苦。

课例八

旺禄临身　魁度天门　虎视逢虎

○咸丰乙卯年未月己酉日未时谷城靳月靳月卿占运货

勾青空白

兄戌阴　白常青空　　辰巳午未

父午空　未申巳午　合卯　　申常

子申常　申酉午己　朱寅　　酉元

丑子亥戌

蛇贵后阴

正议：午为日禄，即为旺神。干阴龙又生日，正宜守旧，不可妄作。况昴星虎视，又见白虎，河魁渡亥，须防寇贼惊扰，河路梗塞。

案验：贼果犯境，客途遭伤。

课例九

日禄临支　交车相合　有始无终　闭口卦体　虎临干鬼

○咸丰丙辰年巳月己酉日亥时，占保康县可寓否。

空白常元

父午阴　白阴青常　　寅卯辰巳

官卯白　卯午丑辰　青丑　　午阴

财子勾　午酉辰巳　勾子　　未后

亥戌酉申

合朱蛇贵

正议：日禄临支而克支乘旺气，为赘婿当权。干支交车生合，利于合伙营生。然初传日禄，中传旬空，末传冲禄，有始无终之象。癸丑加甲辰为闭口，卯木贼符乘虎克日，不久此地即有寇至。幸遇旬空，只属虚惊，尚无大伤。凡三交四仲课，前无孟之可生，后无季之可藏，不可避难。

案验：彼此合伙，交情甚厚。奈秋冬寇至，其事不终。

课例十

避难逃生　日禄归支

○咸丰甲寅年卯月戊寅日申时，占往江右。

青勾合朱

```
                        青勾合朱
子申青  青常朱青    申酉戌亥
财亥朱  申巳亥申    空未    子蛇
鬼寅后  巳寅申戌    白午    丑贵
                    巳辰卯寅
                    常元阴后
```

正议：《指南》云：初中空陷末传助，在此艰难在彼丰。如此课，初传申为旬空脱气，中传亥财落空，末传日之长生是也。又云：干乘凶将支上吉，急往他方应有益。如此课，日上青龙虽属吉神，而逢空内战，反为破耗之象。支上太常日禄又坐长生，宜避此方之难而就彼处之生。

案验：时贼逼乡邻，得此课，即于二月十五日赴江西省，三月迁袁州，六月楚北城陷，幸免污辱，而在袁自食其力，亦无庚癸之呼。

课例十一

朽木难雕　初遭夹克　交车相合

○咸丰甲寅年未月庚戌日亥时，寓袁州，占往南省可否。

```
                        青空白常
父戌合  青阴合常    子丑寅卯
官巳阴  子巳戌卯    勾亥    辰元
子子青  巳戌卯庚    合戌    巳阴
                    酉申未午
                    朱蛇贵后
```

正议：卯加申为就斫，如此课，卯值旬空，名朽木难雕，宜改途易业。

然初遭夹克，见生不生，此时未可轻动，待末传青龙得水，主可飞腾而去。

案验：时值阻塞，未能动移。次年正月始行。

课例十二

众鬼全彰　传遇三奇

○咸丰丙辰年戌月己巳日巳时，罗姓占侄考试。

		勾青空白	
鬼卯合	合勾龙空	辰巳午未	
官寅朱	卯辰巳午	合卯	申常
兄丑蛇	辰巳午己	朱寅	酉元
		丑子亥戌	
		蛇贵后阴	

正议：众鬼克日，攻讦者多。然干上日禄，化鬼为生。传逢三奇，攻之愈力，收之愈切。是忌我者正所以助我也。但退茹课，当以退为进，府县考不必与争，院试学宪必定作主。辰作勾，巳乘龙，岁考不能进，必科考乃准耳。

案验：时县试攻落，府试未收，至院试进呈学宪，准收。科考乃进。

课例十三

狐假虎威　三六相合　传财化鬼　辛日逢丁

同治癸亥年酉月辛卯日申时，寓高川，占晴。

		蛇贵后阴	
父未白	白合贵常	丑寅卯辰	
财卯后	未亥寅午	朱子	巳元
子亥合	亥卯午辛	合亥	午常
		亥酉申未	
		勾青空白	

正议：雨煞作关，三六相合，水升火降，天雨连绵之象。发用逢空，难以动身。狐假虎威，似宜静坐，然三传助鬼，游都贼符入课传，此处难安。比用课，宜舍疏求亲。丁马克日，仍主于动。盖动喜丁马，不以祸讼。况亥

156

制鬼，六合又利于潜逃乎？白虎主道路，天虽不晴，未日亦当冒雨而行。

案验：天雨一月，出旬乙未日，冒雨过险，越五日至汉阳坪，仅走百余里，闻汉中即于乙未日破矣。

附议：凡占不可举一废百，总要与时变通。如狐假虎威，须看三传，鬼多无制，当如是讼。此课支上与末传亥水子孙有救，则应去此就彼、以避难而逃生也。

课例十四

鬼贼当时

○咸丰甲寅年申月乙丑日寅时，占来人。

<pre>
                        合朱蛇贵
鬼酉合 合白贵勾   酉戌亥子
财丑后 酉巳子申   勾申   丑后
子巳白 巳丑申乙   青未   寅阴
                    午巳辰卯
                    空白常元
</pre>

正议：此课申德加干，静坐自有德合。支与三传会鬼，此时当旺，不足为忌。又干阴有子水，以泄鬼生日，所谓众鬼虽彰全不畏是也。然初克末脱，终无所益，现为众议所挠，必不能来，后即相邀可无往也。

案验：初果果阻，后屡请未去。

课例十五

传财太旺

同治甲子年巳月乙酉日子时，占吴孙二姓争婚

<pre>
                        朱合勾青
财丑蛇 合空阴蛇   寅卯辰巳
财戌阴 卯午戌丑   蛇丑   午空
财未白 午酉丑乙   贵子   未白
                    亥戌酉申
                    后阴元常
</pre>

157

正议：正贵临时生日，必告官乃息。盖三传递刑，干支上神六害，是居间人难以和解。子贵与干上丑合，又冲支上午，此妇仍归原夫。但初蛇末虎，吴胆怯，孙姓强悍。日禄坐于脱空之方，吴必为孙所挟，得遇贵人相扶，可以制胜，但破财有所不免耳。

案验：时江南贼过，嫠饥无托，吴与孙同往聘焉。先为孙择一妇，妇嫌孙陋而意属于吴。凭媒书庚将婚，妇令吴仰天焚香誓勿悔，复为孙聘，其貌与孙相若，同行月余矣。及至楚界，孙所聘者在路病，故孙恃族众，挟吴到家，逼令书字还其妇，妇以死誓，中人解之不听，鸣官归吴。中人劝吴稍补其聘仪焉。盖酉支为死气，为日鬼，上加午火为脱空，此因妇死而话空也。

课例十六

传财太旺　交车相合　首尾相见

○咸丰丙辰年午月壬午日亥时，张姓占往兴安。

```
                              勾合朱蛇
       官戌白   白合朱阴   丑寅卯辰
       财午阴   戌寅卯未   青子      巳贵
       子寅合   寅午未壬   空亥      午后
                              戌酉申未
                              白常元阴
```

正议：午火财逢月建，传会财局，过旺反主财亏。虽交车相合，利于合伙营生，而干支上神彼此互脱，究竟不利。且虎鬼斩关，又逢岁破。必因寇盗而致破耗。惟末传子孙制鬼，干支阴合两神可以脱难。

案验：与杨姓合伙运货，上行遇土匪滋事，大折其本。

课例十七

脱上逢脱　水日逢丁　非占勿言

同治甲子年未月癸卯日辰时，有人占病。

```
                    朱合勾青
鬼未朱   朱贵贵阴    未申酉戌
父酉勾   未巳巳卯   蛇午    亥空
兄亥空   巳卯卯癸   贵巳    子白
                    辰卯寅丑
                    后阴元常
```

正议：支上巳脱卯，贵脱巳，为脱上逢脱。干支并阴神又透迤脱去，且巳火旬空，兼名脱空格。其家虚耗非常，而病却无时。蒿矢射日，土乘朱雀发用，先起于洋烟，中传疫煞加未，乘虚而染时症，可喜日上卯木子孙为救，当求东方之医，治之必愈。

案验：病愈而归，其妻自缢。盖正时天后乘墓伤干，水日逢丁，巳火财空，又逢亥水死气冲克，其象昭然。但非占现类勿言之耳。夫以善门而遭凶事，且以少年老成，而勿焉变常。易曰：家道穷必乖，此亦气运所致。然危者使平，人力自可回天，慎勿因穷而益趋于穷也。

课例十八

空上逢空

○咸丰甲寅年酉月己酉日酉时，谢姓占年将。

```
                    勾青空白
财亥合   合常蛇空    子丑寅卯
父午阴   亥辰酉寅   合亥    辰常
兄丑龙   辰酉寅己   朱戌    巳元
                    酉申未午
                    蛇贵后阴
```

正议：日上寅为旬空，又遇天空，凡占主指空话空，全无实象。此占年将，须防用人脱耗财物。发用亥财乘马投墓，午加亥位，又为阴临阴绝，有克妻之凶。

案验：本月妻已死，雇工脱耗亦见。天空属戌，戌为奴故也。

课例十九

进茹空亡

同治癸亥年酉月丁丑日辰时，寓高川，占汉中府贼势。

		青勾合朱	
财申合　常元朱合		午未申酉	
财酉朱　卯寅酉申	空巳	戌蛇	
子戌蛇　寅丑申丁	白辰	亥贵	
		卯寅丑子	
		常元阴后	

正议：此课不以空亡退步讼，专看宾主内外。支为主，玄武贼符自上克之，支之二课为内，申酉自外冲之。又干支罗网，三传联茹，重围匝地，无隙可逃。卯酉相冲，门户破败不可以保。

案验：围久粮空，兵勇自溃，贼匪乘虚而入。而人军兴以来，惟汉中持守年余，皮靴药材食尽，饿莩枕藉，城陷无人可掳，虽睢阳不过如是哀哉。

附议：问：申酉旬空，似不足畏。曰：酉为建旺，不可谓空。长围不解，又岂可以一旬讼乎？

课例二十

进茹空亡

○咸丰甲寅年辰月辛亥日酉时，寓江右城外，占进退。

		贵后阴元	
父丑青　青空空白		午未申酉	
财寅勾　丑子子亥	蛇巳	戌常	
财卯合　子亥亥辛	朱辰	亥白	
		卯寅丑子	
		合勾青空	

正议：三传丑寅卯进茹，中末逢空，宜退而不宜进。且正时玄武临门，

160

关墓旬尾发用，必因西方门户之处有贼犯境，故城中闭关，进则无益。然退后，亥子又是脱气，干支乘虚空，亦不可以坐守，惟合干支三传更进一步，便逢辰土建旺，庶可相生。

案验：本月底上游五百里至袁州颇相安，江西省旋因武宁失守闭城，城外寓处亦毁。盖辰属土，为州城，故应袁州二字，乘朱雀作文书，是以笔墨为生涯也。

课例二十一

脚踏空亡

○咸丰甲寅年巳月戊申日酉时，浙江吴姓占终身。

合朱蛇贵

鬼卯勾　蛇贵勾合　　辰巳午未

鬼寅青　午未卯辰　勾卯　　申后

兄丑空　未申辰戌　青寅　　酉阴

　　　　　　　丑子亥戌

　　　　　　　空白常元

正议：退茹逢空亡，宜进步。如此课，三传卯寅丑皆空是也。木鬼重逢，血支加干，午蛇克申支，不免脾虚肺伤。课名退茹，必有吐血之症；丁马加支，六月必归，寿防不永。

案验：果抱血症。

课例二十二

胎南死气

○咸丰甲寅年申月戊辰日酉时，谢姓占家宅。

空白常元

财子青　蛇青朱空　　丑寅卯辰

子申蛇　申子酉丑　青子　　巳阴

兄辰元　子辰丑戌　勾亥　　午后

　　　　　　　戌酉申未

　　　　　　　合朱蛇贵

正议：子为日财又作日胎，三六相呼，干支相合，主妻有孕，胎逢月内死气，孕必有损，损后复孕，以中传月建助财故也。

案验：先损复孕已准。

课例二十三

交车相合　两贵受克　人宅受脱
○咸丰甲寅年卯月乙未日申时，占江右寄寓久暂。

		蛇贵后阴	
官申贵	元后贵朱	未申酉戌	
财戌阴	亥酉申午	朱午	亥元
父子常	酉未午乙	合巳	子常
		辰卯寅丑	
		勾青空白	

正议：正贵加午，幕贵加戌，俱受克制，不可干贵。以贵人自顾不暇也。乙生午，未生酉，干支俱受上神脱耗，占宅主盗。凡占亦主彼此虚耗，虽交车相合，而未支脱午，支上酉又克日干，外面相关而内怀脱克，不可以利断也。近城内外，俱难久居，须向亥水长生方，再进四百里，方可驻足。

案验：时居江右城外一月，即赴袁州，其后贼据武宁，逼近省垣。

课例二十四

上下皆合　闭口卦体
甲寅年子月甲寅日巳时，寓袁州，占着人送信本省。

		青勾合朱	
财丑贵	后常后常	寅卯辰巳	
父亥常	申亥申亥	空丑	午蛇
父亥常	亥寅亥甲	白子	未贵
		亥戌酉申	
		常元阴后	

正议：干支上神皆作六合，占主二人同心。又八专课，如八家共井、同力合作之象。交车长生，宜在此处结宾主、谋生理，以为久远之计。若占行

程，阳主超进，岁日二马原是动象，奈发用逢空，亥作闭口，动必有阻，亦进茹空亡宜退步之例也。两贵坐狱，二马交克，干支丑财旬空，必饷运不继，官兵失利，贼复壅塞，致道路不通耳。

案验：果信不能通，次年春自袁州回到长沙，闻贼又陷本省，致阻行程，其后袁州亦失，而原断宜为久远者则误矣。盖阴神俱克干支，为左右献城之象。八专彼此相同，是楚与袁皆不能安也。二马并冲，自当远飏，不可以坐而受生之例泥之。且长生作闭口，是父母之邦不通也。

附议：凡合则静，冲则动。文书作闭口而合干支，信自不通，阴神冲干支，是身必动也。然生作闭口，见生不生，申在西南，马主道路，故次年寅月冲马，向西南而走。阳主外，阴主内，阳日日阳顺行三，所以仍逃在外省也。申为兵煞，然鬼化为生，不至伤身，但受奔走之苦耳。

课例二十五

自支传干　闭口卦体

○咸丰甲寅年酉月甲申日申时，熊姓占家宅。

<pre>
                        青勾合朱
   子巳朱 青朱后常   寅卯辰巳
   禄寅青 寅巳申亥 空丑   午蛇
   父亥常 巳申亥甲 白子   未贵
                        亥戌酉申
                        常元阴后
</pre>

正议：初传支上神，末传干上神，为自支传干，占事皆起于人。支神克日，上见劫煞，必家有凶人为首劫掠。子孙太阳，其护救亦在家人也。后临干鬼，巳作闭口，不能大逞其凶。

案验：四月见劫耗，所指亦准。

课例二十六

自干传支

同治癸亥年午月丙寅日未时，寓漩窝，吴生闻警，占家中人口吉否。

勾合朱蛇

		巳午未申
禄巳勾	白白勾勾	
财申蛇	寅寅巳巳	青辰　　酉贵
父寅白	寅寅巳丙	空卯　　戌后

寅丑子亥

白常元阴

正议：初传由干发用，末传归于支神，为自干传支格。占事主我去求人，成就费力。此课乃自馆归家之象，但游都白虎加支，初中贼符递刑，由外而内，贼人必入境。可喜支作长生，人口清吉，无忧。

案验：果如所言。

课例二十七

庚日逢丁

○咸丰乙卯年未月庚子日午时，谷城邓姓占年运。

青空白常

		午未申酉
财寅蛇	蛇贵元常	
财卯朱	寅丑戌酉	勾巳　　戌元
父辰合	丑子酉庚	合辰　　亥阴

卯寅丑子

朱蛇贵后

正议：干乘羊刃遁丁克日，每因兄弟致起争端，且摇动不定，难安常业，墓神加支，宅亦昏昧，蛇朱相乘，三传生起正时午火，必有火烛之惊。幸寅为月德，支属子水，可以化解。

案验：果因弟屡见官非，逃亡数次，前一日见火，亦为弟所致。

课例二十八

庚日逢丁

○咸丰丙辰年五月庚子日辰时，周友避难兴安，占回省。

<pre>
                        蛇朱合勾
    鬼午青 青常蛇勾   寅卯辰巳
    财卯朱 午酉寅巳 贵丑   午青
    子子后 酉子巳庚 后子   未空
                        亥戌酉申
                        阴元常白
</pre>

正议：比用课，移远就近，纵不到家，亦在邻县。常乘丁马，眷属必行，但卯为舟车，逢酉冲破。青龙克日，财爻助鬼见朱，官符逢勾，恐有见官之事。

案验：下流贼退，携眷至天门寄寓。次年二月汉中货船到紫阳破坏，被人抢夺，鸣官。

课例二十九

辛日逢丁　交车相合

○咸丰甲寅年酉月辛亥日子将，彭姓占弟病。

<pre>
                        合勾青空
    父未蛇 蛇元贵常   酉戌亥子
    子亥青 未卯午寅 朱申   丑白
    财卯元 卯亥寅辛 蛇未   寅常
                        午巳辰卯
                        贵后阴元
</pre>

正议：辛日逢旬丁，为日之暗鬼。丁马动象，看所乘何爻，便知其凶祸之由。如此课，丁乘未作父母爻，其病由祖父之坟有蚁伤棺，以致子孙受克。三传会木，木空则折，其病不治，干阴火克肺金，必吐血瘵症也。

案验：弟抱血病半载，祖坟有蚁，已请地师，云父母坟亦不佳。

课例三十

水日逢丁

〇咸丰辛亥年酉月癸巳日午时，原任武昌清军府赵公占进京。

<table>
<tr><td></td><td></td><td>朱蛇贵后</td></tr>
<tr><td>鬼丑勾</td><td>勾朱常空</td><td>卯辰巳午</td></tr>
<tr><td>兄亥空</td><td>丑卯酉亥</td><td>合寅　　未阴</td></tr>
<tr><td>父酉常</td><td>卯巳亥癸</td><td>勾丑　　申元</td></tr>
<tr><td></td><td></td><td>子亥戌酉</td></tr>
<tr><td></td><td></td><td>青空白常</td></tr>
</table>

正议：勾朱相会，定有官讼。丁马作财，岁逢天空，利于奏对。但逆间课，不无阻隔耳。

案验：先因下员案件羁累，不能进京。旋奉檄调松江府，并不待赴京引见。原断未及此，复玩之，巳贵加命，而幕贵又助之；亥为天诏，作太岁，乘丁驿二马，加于干上，乃天子诏遣之象。三传虚一待用，命上巳贵凑合全局，正当时旺，逆间不足虑也。

问：回环课宜去而复来？曰：丁驿二马冲支不复还矣。

课例三十一

传财化鬼　辛日逢丁

〇咸丰甲寅年辰月辛未日巳时，占往株树潭。

<table>
<tr><td></td><td></td><td>青勾合朱</td></tr>
<tr><td>子亥合</td><td>后白常贵</td><td>酉戌亥子</td></tr>
<tr><td>财卯后</td><td>卯亥午寅</td><td>空申　　丑蛇</td></tr>
<tr><td>父未白</td><td>亥未寅辛</td><td>白未　　寅贵</td></tr>
<tr><td></td><td></td><td>午巳辰卯</td></tr>
<tr><td></td><td></td><td>常元阴后</td></tr>
</table>

正议：课上有鬼，三传会财以生之，为传财化鬼格。切不可求财。如此课，三传亥卯未，第二课与正时见巳午是也。且辛日逢丁，游都加干，动必遇贼。比用课以舍远就近为安。

案验：四月初八，贼劫株树潭时避杨家，颇安，离城仅五里耳。

课例三十二

传鬼化财　丧吊全逢

○咸丰甲寅年巳月丙申日子时，余姓占妻病。

<pre>
                        朱合勾青
        鬼子蛇　蛇青阴朱　丑寅卯辰
        财申元　子辰酉丑　蛇子　　巳空
        子辰青　辰申丑丙　贵亥　　午白
                        戌酉申未
                        后阴元常
</pre>

正议：胎神发用，天喜加日。此妇已有胎矣。鬼胎作吊客，子爻乘丧门，生女不育，而妻亦自死而致生。盖三传会鬼，初末逢空坐空，独留中传财爻，为传鬼化财格。凡占求财，则主危中得财。此课占妻病亦由死中得生。又查长生加命，岁对入中传，合而能破，妻可救。但防兄弟有不妥耳。

案验：果有孕。

课例三十三

眷属丰盈　所筮不入

○咸丰甲寅年巳月乙酉日巳时，占寄家信。

<pre>
                        蛇朱合勾
        官申贵　元青勾贵　酉戌亥子
        父子勾　巳丑子申　贵申　　丑青
        财辰常　丑酉申乙　后未　　寅空
                        午巳辰卯
                        阴元常白
</pre>

正议：三传会局，脱支生干，主宅狭人旺。如此课，干乙支酉，三传会水，生干泄支，是人多而屋少也。若占信，以朱雀为类神，虽不入课传，亦须凭此以断。三传会水克制朱雀，信有阻滞。

167

课例三十四

屋宅宽广　魁度天门　六爻现卦

道光辛亥年未月戊子日未时，现任黄陂县翁明府占到任。

<pre>
                          合勾青空
     兄戌元   玄阴朱合关   辰巳午未
     子酉常游 戌亥卯辰神   朱卯   申白
     子申白都 亥子辰戌   蛇寅   酉常
                           丑子亥戌
                           贵后阴元
</pre>

正议：三传戌酉申，全备西方，脱戊干之土，生子支之水，占家宅主屋多人衰。此闲官星，魁度天门，得日上辰土冲关，可免阻隔。然辰命上见卯官，三传会子孙克之，非吉象也。游都作虎，玄武劫财，须防西方肃杀之凶。

案验：次年西贼破省，黄陂失守。

课例三十五

三传递生

〇咸丰甲寅年酉月乙巳日酉时，占与人相约成否。

<pre>
                          贵后阴元
     子午空   青贵空蛇   子丑寅卯
     财丑后   未子午亥   蛇亥   辰常
     官申勾   子巳亥乙   朱戌   巳白
                          酉申未午
                          合勾青空
</pre>

正议：发用天空脱日，初时不就，且有疑忌之言。初生中，中生末，末生日上神，又生干，乃相助之人转因别处之助以助我也。末传日德，日上长生，事必有成，且二财并见，不止一处，丁驿重逢，必有远行。

案验：此为路费占也。果所约者复有馈赠之助，而挹彼注兹，先阻后遂，其说亦准。但魁罡加临卯酉，津梁阻隔，半途而返。

课例三十六

三传递生

同治甲子年戌月丙辰日酉时，徐姓占家宅。

蛇朱合勾

兄午白　白贵常蛇　　子丑寅卯

子丑朱　午亥未子　贵亥　　辰青

财申元　亥辰子丙　后戌　　巳空

酉申未午

阴元常白

正议：胎神加日，财乘生气，占宅主有孕妇。然必先堕而后受更的。何也？丑为腹，逢旬空，带死神，居中传，与日上鬼胎相合。初传却逢岁破，是胎破而腹空矣。末传申财生气乘亥，故为复孕之象。但恐是瓦兆耳。病符临宅克日，家有病人，坐制不妨。

案验：果是六月小产复孕未冲丑腹故也。

课例三十七

三传递生　空上逢空

○咸丰乙卯年未月丙申日戌进，黄姓占逃亡，戊戌命。

合勾青空

禄巳空　合空贵合　　寅卯辰巳

父寅合　寅巳亥寅　朱丑　　午白

官亥贵　巳申寅丙　蛇子　　未常

亥戌酉申

贵后阴元

正议：此课闭口，以旬尾癸卯加甲午旬首也。占逃亡，闭塞难行。三传不离四课，去而复来。支上巳为张姓，其数则四十里也。日马加巳，必在张姓之家。

问：戌命作日墓，亥水死气克日，日禄逢空，得无有凶信乎？曰：日乘长生，三传递生，何患之有？

案验：果如所占。

课例三十八

三传互克　末助初财

甲寅年巳月乙酉日辰时，梁姓占终身。

<pre>
                        朱合勾青
财未后 后空空蛇   戌亥子丑
父子勾 未寅寅酉   蛇酉   寅空
子巳元 寅酉酉乙   贵申   卯白
                      未午巳辰
                      后阴元常
</pre>

正议：初传克中，中传克末，末克日上，酉克日干，为三传互克。三下克上，又名长度厄，主一身辛苦，众人欺压之象。初传妻财空墓，而末传助之，应主断弦再续。天罡加亥，斗系日本，父母早亡，祖业空虚。末传子临月建，晚子可许。又生初财，白手成家，衣食不亏。

案验：幼失父母，多受欺凌，中年丧妻，复娶得一子。

附录

北门衣店黄维型占妻终身，亦得此课。其妻少孤苦，多生女不育。现有身孕。戌月辛未日临盆，子手先出，须臾母子俱死，以初传天后逢空内战，蛇乘死气，克日故也，又虎卯加戌，其生有探盐之象。

课例三十九

有始无终　旺禄临身

同治癸亥年申月乙丑日午时，占寓所吉凶。

<pre>
                        勾合朱蛇
父子常 元常空青   辰巳午未
父亥元 亥子寅卯   青卯   申贵
财戌阴 子丑卯乙   空寅   酉后
                      丑子亥戌
                      白常元阴
</pre>

正议：初传六仪乘太常生日，情意相孚，礼仪亦好。惜中末逢空，干支

相刑，游都贼符并见，此地不免寇盗之惊。青龙为万里翼，又见丁马，酉月一冲必动，未可以旺禄临身拘也。

案验：所占已符。

课例四十

有始无终　退茹空亡
道光庚戌年丑月乙酉日丑时，万姓占来年设砚。

<pre>
                    勾青空白
官申常　白常朱合　　辰巳午未
财未白　未申寅卯　合卯　　申常
子午空　申酉卯乙　朱寅　　酉元
                    丑子亥戌
                    蛇贵后阴
</pre>

正议：旬首自支发用，为六仪格。彼来求我，礼仪甚好。但德入鬼乡，为邪正同途，中末空亡，有初鲜终。财逢月破，日墓又值旬空，所入不逮所出，此华而不实之课也。

参议：问：退茹空亡宜进步，岂可半途而止乎？曰：日德发用，进则宜矣。然自申再进一步，则逢酉鬼，不如退之为安也。

案验：此系公请，其中有德有鬼，来聘意诚，后有微嫌。明年秋末因事远行，虽未终局，亦无隙末之形。

课例四十一

苦去甘来
○咸丰甲寅年戌月己未日巳时，钟姓占子从军吉凶。

<pre>
                    勾青空白
鬼卯合　青空青空　　辰巳午未
父午空　巳午巳午　合卯　　申常
父午空　午未午巳　朱寅　　酉元
                    丑子亥戌
                    蛇贵后阴
</pre>

171

此子自败营逃出，已逆回三位矣。盖初传卯木克日加命，末传日禄生干，引鬼为生，由险得夷，是谓苦去甘来。凡占逃亡，最喜天空、青龙及丁驿二马诸神生日，可无忧矣。

案验：果逃出无事。

课例四十二

苦去甘来　乐里生悲

○咸丰丁巳年五月丙寅日巳时，罗生占馆。

合勾青空

鬼子合	白贵阴合	子丑寅卯	
子未阴	辰酉未子	朱亥	辰白
父寅贵	酉寅子丙	蛇戌	巳常

酉申未午
贵后阴元

正议：初传日鬼，人必疑忌。末传逢生，究竟有成。乃苦去甘来之象。且比用主和，而首尾相见，占事不脱。但长生见克，又乐里生悲之象。支阴辰脱日而合酉，是邻泄我财也。

案验：馆事先少后多，年终又去其半，为本家代移货物，亦受其累。

课例四十三

人宅受脱　贵人蹉跌　天网四张

○咸丰丙辰年申月戊子日寅时，寓兴安，占买皮纸下河口。

蛇朱合勾

官卯常	后常勾蛇	申酉戌亥	
父午后	午卯亥申	贵未	子青
子酉朱	卯子申戌	后午	丑空

巳辰卯寅
阴元常白

正议：日贵临夜，夜贵临日，又居辰戌之方，事必反复不安。天网四张，干支透迤脱去，东北定有兵变，河口恐其震动，不可下行。末传虽有子孙解网，而朱破碎，亦主船户口舌破耗。

案验：八月襄樊土匪滋事，上行船户多勒耗。

课例四十四

干支皆败　胎财生气

○咸丰甲寅年申月壬申日未时，刘姓占阴地。

贵后阴元

财午元	后元常白	卯辰巳午
鬼辰后	辰午未酉	蛇寅　未常
子寅蛇	午申酉壬	朱丑　申白

子亥戌酉

合勾青空

正议：长生前一位沐浴即为败神。如壬干败酉，申支败午是也。干支阴神克日，又逢寡宿，日墓主出孤寡之人。午为日胎，又为日财，乘月内生气，末传子爻太岁临之，今年有协孕之兆。

案验：所断已准。

课例四十五

干支皆败　首尾相见

○咸丰乙卯年未月丙申日酉时，有人占进退。

勾青空白

子丑朱	青白朱勾	卯辰巳午
官亥贵	辰午丑卯	合寅　未常
财酉阴	午申卯丙	朱丑　申元

子亥戌酉

蛇贵后阴

正议：丙败于卯，申败于午，人宅俱难成实。日上卯木文书，亦有笔墨行涯。然卯乘勾而丑逢破，总属虚花。支受虎克，屋舍将为贼摇，破碎月破乘朱发用，传入贵人之方，官讼难免。逆间为倒拔蛇，一时不能退身，首尾相见，去而复来，始终不离此处。

173

案验：此人以讼笔为业，所入皆浪用。现为人控未结。次年土匪起事，挈家远飏，贼退复来，迄无所成。

课例四十六

末助初传二贵皆空初遭夹克

○咸丰甲寅午月丁丑日巳时，胡姓占财。

勾合朱蛇

财酉朱　空常贵朱　未申酉戌

官亥贵　巳卯亥酉　青午　亥贵

子丑阴　卯丑酉丁　空巳　子后

辰卯寅丑

白常元阴

正议：初传酉贵旬空，中传亥贵坐空，如考试已经蒙推荐被人挽越，误报同名之人，是是虚喜而已。此课占财夹克，初去不利，并遭口舌，中有凑合之巧，末助初财，又逢天喜，终局更佳，但所得终无实象耳。

案验：正时未加巳，土中有火，支上木土，支阴见火，断为掘煤之事。果初不见碳，后始有获。

课例四十七

闭口卦体

○咸丰丙辰年申月丁卯日酉时，占赁屋。

青空白常

官子合　贵合勾白　寅卯辰巳

财酉贵　酉子丑辰　勾丑　午元

禄午元　子卯辰丁　合子　未阴

亥戌酉申

朱蛇贵后

正议：六合乘贼符遥克日干，末传玄武克日禄，防有兵警以致破耗。幸遥克不在近处，日上有子孙以制之，不能到城。然课名闭口，城门必闭，卯酉相冲，人心动摇，不如城外之为安也。

案验：时自郧阳来兴安，寓新城文姓宅，占得此课。八月迁河北，冬月平利县土匪起，兴安闭城月余，得官兵杀贼数十人，遂平。以六合乘死气作闭口，不能猖獗故也。

课例四十八

闭口卦体鬼临三四

○同治乙居年申月壬戌日酉时，李姓占结绝事。

```
                          合朱蛇贵
财巳贵  蛇阴贵元     寅卯辰巳
子寅合  辰未巳申  勾丑    午后
禄亥空  未戌申壬  青子    未阴
                          亥戌酉申
                          空白常元
```

正议：丑时作闭口，无情者不得逞刁。绝神发用，利于了结，不可深交。鬼临三四，为蜮不止一人。然坐而不动，以受干上之生，彼自无能为也。初财逢劫，破耗已见，无庸追悔，中传六合生财，外有贵人相助，以补其空。

案验：此因初交不慎，被其拖累，其事未终，将有骗局，理亏自止，贵人之助亦验。

问：三传递生如何？曰：绝神逢生，主旧事重新。此时六合月破，故合而未终。到寅年卯月仍有凑合得兴。盖此系文书事，真朱乘卯，来春逢旺，必应递生之义。但驿马主动，孟神主远，非可近取也。

课例四十九

太阳照武末助初传催官使者交车相合

○咸丰丁巳年申月己丑日子时，自梦回家甚急因占。

```
                          朱合勾青
父巳元  合阴玄勾     戌亥子丑
兄戌朱  亥午巳子  蛇酉    寅空
鬼卯白  午丑子己  贵申    卯白
                          未午巳辰
                          后空元常
```

175

課
例

正议：玄武乘巳，巳为太阳，名太阳照武。末传虎乘干鬼，为催官使者。三传巳戌卯，又曰铸印。此课利于干官擒贼。然水遭夹克，铸印不成。禄马逢空，有名无实。且交车合而上下冲，合中必破。初传夹克，亦不由己，尚以恬静为安。但末助初生，恐有文书相催耳。

案验：秋季楚北胡中丞传檄敦请入幕，县禀远行。张观察复信寄陕西相邀，自揣骞劣不堪录用，而兴安诸徒维系亦切，遂婉谢之，后数月中丞丁忧。

课例五十

初末后合　干支相刑　自墓传生

同治癸亥年午月丙寅日亥时，同乡有人占汉王城后穴。

<pre>
                        朱合勾贵
        子戌后 白后阴朱   丑寅卯辰
        兄午白 午戌酉丑   蛇子   巳空
        父寅合 戌寅丑丙   贵亥   午白
                        戌酉申未
                        后阴元常
</pre>

正议：初传天后，末传六合，为佚女课。占婚主先 * 后娶，故云不用媒。然必再见玄武、太阴、天空、及咸池、邪神等煞，或兼芜淫格，方可如此断。不然未可妄言也。尝见闺门端肃说得此课，只是妇家先有意耳。兹占买穴，虽云三合，藏风聚气，而干支相刑，时贵克日，恐有官非。且自墓传生，宜向父母之邦以取佳城也，此地不可妄贪。

案验：得此断遂止，不久鸿归安宅矣。

课例五十一

干支禄马　三传递生　日禄临支　宾主相刑

○咸丰丙辰年巳月丙申日子时，黄姓占寄考。

<pre>
                         合勾青空
      禄巳空　合空贵合　　寅卯辰巳
      官寅合　寅巳亥寅　　朱丑　　午白
      财亥贵　巳申寅丙　　蛇子　　未常
                         亥戌酉申
                         贵后阴元
</pre>

正议：日马加干，日禄加支，为富贵课。兼以三传递生，正贵入传课，必售无疑。日临支而克支，为赘婿，寄考之象也。干支相刑，有德化之，虽小有言，无碍于考，然终不免俯就于人。而发用空上逢空，亦难成实。不如寅木长生为父母之邦，与正贵相合，仍归本籍为妙。

案验：本年寄籍，众口沸腾，已经调和，县府考起，院试报罢。次年亦如之。戊午年回籍入泮，时年二十四岁，两贵拱年故也。此课不从赘婿长生着想，而况干为外，支为家，则误矣。

课例五十二

干支禄马

○咸丰丁巳年寅月壬申日酉时，寓漩窝，占起房。

<pre>
                         合勾贵空
      财巳贵　元空贵元　　申酉戌亥
      父申合　寅亥巳寅　　朱未　　子白
      禄亥空　亥申寅壬　　蛇午　　丑常
                         巳辰卯寅
                         贵后阴元
</pre>

正议：问：日马加干，日禄加支，又作六合，两贵夹拱丑命，正贵逢太岁发用，此真富贵课也，况日禄加支而受生，此房应大利于人。曰：课名遥克，马逢月建，主动而远寻也。干上寅脱我，支申作长生，是宜去此而就

177

彼也。

参议：问：日禄归支，岂非反梓乎？曰：遥克用在二课，又名近射，远而不远也。况四下生上，外吉内凶，不可回家。申支长生在中传，末传日禄遇旬空，是宜中途而止也。

问：课名富贵何兆？曰：弹射力轻，辰加丑，主藏名。又逢日墓临命，富贵不显，子旺而生太岁，禄空而冲太岁，不利身而利后人。贵人作财，巳为四数，当有顶戴四人寄书相迎，仍以舌耕为业。正时酉鸡生日，巳火贵人发传，丑日三合，家丁必来。巳为荆楚，两贵拱命，本省虽有贵人远引，末传旬空，恋生不能就。

案验：癸丑日兴安旧寓家丁果携生监四人书到次日甲寅即行。冬季湖北中丞、观察俱有信邀，未就。癸亥年贼至兴安，携眷归家，无以为生，仍设砚于中途西南方。

课例五十三

干支禄马　闭口卦体

○咸丰癸丑年辰月壬寅日丑时，署汉阳二府占上任。

		合朱蛇贵	
财巳贵	元空贵元	寅卯辰巳	
子寅合	申亥巳申	勾丑	午后
禄亥空	亥寅申壬	青子	未阴
		亥戌酉申	
		空白常元	

正议：日禄加支，日马加干，为富贵课，兼之太岁、天诏加命，必主升迁。但四课不全，未能满任。正贵旬空，幕贵闭口，贼符游都加干二课，印绶逢岁月二破，必因贼到而逃往家乡。盖天空主逃亡而干神又归支也。

案验：时拟次日摄篆，余曰：发用逢空，出旬方可。曰：已奉札矣。奉札亦不行。果至乙巳日到任，次年春贼至，弃官逃于家。

课例五十四

传遇三奇　互旺皆旺　前后引从　首尾相见

○咸丰甲寅年午月壬申日午时，寓袁州，占往下埠卖卜。

```
              合勾青空
官丑阴　白空阴元　午未申酉
子寅后　戌酉丑子　朱巳　　戌白
子卯贵　酉申子壬　蛇辰　　亥常
              卯寅丑子
              贵后阴元
```

正议：三传乙丙丁，兼丑为旬奇发用，酉为日奇加支，真三奇格也。初末引从丑命，两贵夹拱卯年，初传天喜，中末丁驿二马，原为迁移吉象。然干支皆旺，首尾相见，现在却不能迁，即暂有所出，亦去而复来，惟待卯年丁马冲破支网，始可动，亦不在下埠。

案验：卯年寅月自江西至湖南，又走荆襄，至谷城，历郧阳，后馆于秦之兴安府。屡蒙大宪拔擢，无才应聘，福甚薄矣。何奇之有？但以流离之子，委琐不堪，而诸生济济，自各府县来者，当以数百里计。庸夫得此，亦颇不辱，鸿飞十年，又应一旬周遍之义，神明指示昭然，初念不及此，而事后始知也。

课例五十五

贵人六害　魁度天门

○咸丰乙卯年午月甲申日申时，谷城陈姓占讼。庚午命。

```
              合朱蛇贵
父子白　蛇贵白空　辰巳午未
父亥常　午未子丑　勾卯　　申后
财戌元　未申丑甲　青寅　　酉阴
              丑子亥戌
              空白常元
```

正议：课名联茹，事因牵累，不关紧要。然干阴与贵人六害，干又克贵，魁度天门，有口难辩，反受屈抑。比用课总宜和息，玄武临财，游都加日，支虎克干，防有寇贼之惊。

案验： 悉如所断。

课例五十六

课传俱贵　干神归支

○咸丰癸丑年辰月丁巳日未时，寓省垣，占去就。

```
                      勾合朱蛇
财酉朱　朱勾贵朱　　未申酉戌
官亥贵　酉未亥酉　青午　　亥贵
子丑阴　未巳酉丁　空巳　　子后
                      辰卯寅丑
                      白常元阴
```

正议： 课传五贵，而末传又是贵人本家，此例邵子名为遍地贵人，无所依倚之状。虽举荐者多，终属无益。况干神归支，正宜回家静守。

案验： 时省中多有挽留，决意归去。嗣后贼兵复至，官吏一空。

课例五十七

昼夜贵加　三传递生

○咸丰甲寅年午月癸亥日戌时，袁州西门费秀川先生占京信。

```
                      贵后阴元
鬼未常　常空空勾　　卯辰巳午
财巳阴　未酉酉亥　蛇寅　　未常
子卯贵　酉亥亥癸　朱丑　　申白
                      子亥戌酉
                      合勾青空
```

正议： 凡幕贵加年命发用，占考得中，占仕升迁，如此课，巳加未年，乘丁驿二马入传，又得卯贵助之，必膺两贵保举，未土遥克发用，支神加干，未月定有好音到门。正时戌印乘龙，初传未绶乘常，俱得相气，亦荣升之象。

案验： 令似现任户部主事，六月来报，果升员外郎。

附议：凡幕贵加年命为林下贵人，占官非告退则主丁忧，此课两贵递生，故以升官论。

课例五十八

昼夜贵加

○咸丰丙辰年戌月癸未日巳时，杨姓占收考。

```
                  朱蛇贵后
财巳贵  朱贵常空    卯辰巳午
子卯朱  卯巳酉亥  合寅    未阴
鬼丑勾  巳未亥癸  勾丑    申元
                  子亥戌酉
                  青空白常
```

正议：勾陈克日，考必攻讦。然卯木子孙制鬼，攻之无嫌。正时贵德临支发用，中传幕贵助之，必得两贵提携。神将俱逆，先有所阻，后必有成。巳为四数，名数应在第四，本届岁考不济，巳年科考准进。

案验：县考攻落，学院作主书考，名数、年分亦准。

课例五十九

昼夜贵加 虚一待用

○咸丰乙卯年酉月丁巳日午时，张仲达夫子寓樊城，占赴荆州差事。

```
                  勾青空白
子丑朱  朱勾勾空    卯辰巳午
官亥贵  丑卯卯巳  合寅    未常
财酉阴  卯巳巳丁  未丑    申元
                  子亥戌酉
                  蛇贵后阴
```

正议：问：课传五阴，昏迷之象？曰：三传逆朝于干，由暗投明也。初丑末酉，自衰传旺也。时逢日禄，命上长生，皆阳将也。辰命乘青龙作太阳临午，又日丽中天之象，未可昏迷论也。荆州分野在午，命坐生方，此去可以得志。

问：贵人坐空受制，奈何？曰：初空末助，先虚后实，官星乘马，退则陷空受克，进则出空受生，且天空乘巳会卯，为铸印。支加干，印来就我，巳逢丁岁二马，又为马上佩印，三传从革，虚一待用，不惟差事无伤，并能补缺。

问：补何缺？曰：下克上，必下署上职，初传逢空，出旬乃动。

案验：丑月果以候补府署粮道，因差得缺，马上佩印也。时楚北未复，制军驻襄阳，着委员送印到荆，印来就我也。酉日接印，应巳酉丑局也。

附议：此课若泥类神，官贵坐空受制，何吉之有？偏以吉断而准者，日上与命方取象真也。而末传月建尤为吃紧。盖占官喜旺，初中空陷，现在赋闲，末传建旺助官，则由屈而伸矣。若占他事，岂可如此断乎？邵子所以贵心易也。

课例六十

贵人蹉跌　所筮不入　将逢内战
○咸丰甲寅年午月庚辰日卯时，占友人择地成否。

```
                       勾合朱蛇
父辰元   蛇青元蛇    酉戌亥子
禄申青   子申辰子    青申      丑贵
子子蛇   申辰子庚    空未      寅后
                       午巳辰卯
                       白常元阴
```

正议：昼贵坐夜方，夜贵坐昼方，名贵人蹉跌。如此课，丑加酉，未加卯是也。占事主参差不一，难与图成。禄空全脱，课传内战，丑命贵人乘丁加于岁墓死神之方，行年又逢夜贵加之，是身入夜台之兆也。两贵虽不入传，仍凭类神及年命上神之。

案验：刘秀谷兄时在宜春城内领袖乡勇，相见莫逆，旋邀卜吉，佳城未就，遽以无病，捐馆后得一穴，家人不能用。

课例六十一

贵人坐狱　自墓传生　支坟财并

同治癸亥年午月乙卯日亥时，寓漩窝，闻贼到西乡，占动静。

```
                        蛇朱合勾
  财未白　白后常贵　　丑寅卯辰
  禄卯合　未亥申子　贵子　　巳青
  父亥后　亥卯子乙　后亥　　午空
                        戌酉申未
                        阴元常白
```

正议：贵人加辰戌为履狱，然临于干上又不以此论。即加支加年命亦不作狱讼。此课财爻乘虎发用，贼由汉中到西乡劫粮，非拔营来也。自支传支，仍归故处。但游都贼符加干，此时逢空，后将不免。自墓传生，初虎末后，宜乎反棹家乡。支墓作财，旅程羁留，玫时难动，见机而后可也。

案验：此次贼果未来，不久另有一股由下而上，余已脱身归矣。

课例六十二

鬼乘天乙　辛日逢丁　鬼临三四　末助初传

○咸丰甲寅年午月辛未日申时，胡仁忠占弟病。

```
                        朱合勾青
  鬼巳合　合勾空虎　　辰巳午未
  父辰朱　巳午申酉　蛇卯　　申空
  财卯蛇　午未酉辛　贵寅　　酉白
                        丑子亥戌
                        后阴元常
```

正议：世俗好言鬼神，凡病皆指为祟，无赖者藉图酒食，虚费无益。占者切勿曲徇人意，以附会其说。如此课，夜贵加支作鬼，末传辛日逢丁乘蛇，干上太阴乘虎，合观课象，实系家寀供有外神，祟为灶神不安，以致心神怔忡，夜多怪梦，宜用禳解。然末助初鬼，鬼临三四，并非一症，终不免以痨瘵致命，卯年可危。

案验：情形悉合，别后安危不知若何。

课例六十三

两贵受克　干支受脱

○咸丰丙辰年卯月乙巳日申时，寓郧阳，祝姓占就馆。

```
                        蛇贵后阴
   官申贵  后蛇贵朱    未申酉戌
   财戌阴  酉未申午  朱午    亥元
   父子常  未巳午乙  合巳    子常
                        辰卯寅丑
                        勾青空白
```

正议：未土财爻乘丁，似宜动谋，然蛇主惊恐，未生酉鬼，求财得祸，且两贵受克，贵人自有忧烦，何能为力？喜日上子孙制鬼，可免于难耳。

案验：时郧县受荐未请，旋往河口邦办公局。八月土匪滋事，仍是逃难。幸依亲处，眷口得全耳。

课例六十四

二贵皆空

同治甲子年辰月壬子日申时，在保康筹团练事宜，寄荆州回信。

```
                        勾青空白
   鬼辰蛇  蛇合贵阴    未申酉戌
   财午合  辰寅卯丑  合中    亥常
   父申青  寅子丑壬  朱巳    子元
                        辰卯寅丑
                        蛇贵后阴
```

正议：问：青龙内战，主升官。斩关发用主动移，恐不久离荆？曰：日马旬空，动而不动，二贵皆空，喜为虚喜。虽有升迁之信，究归原任。交车相合，支上空脱，末传又冲之，此事亦必不终。

案验：果如所断。

184

课例六十五

魁度天门　旺禄临身

同治癸亥年戌月癸卯日巳时，寓汉阳坪，占有船搭否。

蛇贵后阴

鬼丑勾　勾合空青　辰巳午未

禄子青　丑寅亥子　未卯　　申元

兄亥空　寅卯子癸　合寅　　酉常

丑子亥戌

勾青空白

正议：问：魁度天门，旺禄临身，似不宜动。曰：现在逃兵，何禄可守？三传润下，宜于下行。丑能刑戌，木能克土，亦无所隔。退茹有相联而退之象。再退一步逢申酉之生，即父母之邦，退而受生可也，况青龙得水，能奋万里之翼，六合为门，作子孙制鬼，如何不行？

参议：问：寅木死气，何能制戌虎？且妨子孙不利。曰：三传属水以助子孙，死化为生，何不利之有？但勾陈发用，不免迟滞，出旬破关，未日冲丑，方能启行，宜坐以待之，上路必有退回之船，且得贵财相助。

案验：果因汉中城陷，船户相联而下，未日得开，贵财亦应此课。

以干支上神与三传格例断者也。

课例六十六

罢塞鬼户　脱上逢脱

○咸丰甲寅年辰月丁卯日未时，寓江西袁州府城，占安否。

勾合朱蛇

财酉朱　勾空贵朱　未申酉戌

官亥贵　未巳亥酉　青午　　亥贵

子丑阴　巳卯酉丁　空巳　　子后

辰卯寅丑

白常元阴

正议：游都乘马加支，贼必过境。然支上脱气，又乘天空，只是虚声动摇，人民争出，城内却无事。初财遭夹克，不过迁移耗财而已。辰为天罡，寅为鬼户，辰加寅，则鬼户杜塞，不致破城。初传旬尾，末传关神，闭关则不免也。

案验： 四月初八日贼兵犯境，城内争逃，后却无事。

附议： 问：支为宅，游都加之，乃贼入城之象，何为过境？曰：克则入，脱则离，天空乘马，岂非脱逃乎？

问：游都既不克支，何以又入境内？曰：游都若在四课，则为邻县；既加支，何得不入境内？然乘马主动；天空主逃，又自内生外，所以过而不留此，以类神一爻断者也。

课例六十七

两蛇夹墓

○咸丰甲寅年辰月丙子日辰时，袁州闻警。夜半开城，男妇皆逃，自占动静。

```
                              蛇朱合勾
       禄巳常   蛇常空蛇      戌亥子丑
       子戌蛇   戌巳卯戌      贵酉    寅青
       父卯空   巳子戌丙      后申    卯空
                              未午巳辰
                              阴元常白
```

正议： 戌为日墓，乘蛇加巳，巳属蛇，故为两蛇夹墓，主有惊危之事。然时逢天罡，戌为月破，其凶可散。但卯木文书乘天空，不免谣言动众耳。课名回环，去者仍回本处。游都落空坐克，可无忧也。

案验： 此因探报不实，人皆惊走，后却无事。

课例六十八

虎视逢虎

○咸丰甲寅年亥月己丑日午时，吉安刘姓占家宅。

朱合勾青

财子贵　白阴蛇勾　寅卯辰巳

兄辰勾　未戌丑辰　蛇丑　　午空

兄戌阴　戌丑辰己　贵子　　未白

　　　　　　　　　　亥戌酉申

　　　　　　　　　　后阴元常

正议：虎视课又见白虎，如三拳不敌四手，其力难施，凡占不免虚惊。贵人作财发用，必在官贵之家效力营生。昴星乘亥，其时已有寇贼之惊。中末自干传支，宜闭藏于家，不应再往。且一财而遇众劫，岂可远谋？干支相冲，并防克妻。

案验：旧在芜城官家所开盐店帮贸，寇至逃回。今将复往，因余断不利，遂止。

课例六十九

所谋多拙　关神动处　太阳射宅　水日逢丁

○咸丰甲寅年辰月壬申日申时，陈姓占年将。

合勾青空

官丑阴　白空阴元　午未申酉

子寅后　戌酉丑子　朱巳　　戌白

子卯贵　酉申子壬　蛇辰　　亥常

　　　　　　　　　　卯寅丑子

　　　　　　　　　　贵后阴元

正议：干前一位为天罗，支前一位为地网，如此课干上子，支上酉是也。凡事只宜守静，动则罗网缠身，必有凶祸。春季关神在丑发用，主阻滞，甲子癸酉一旬周遍，亦羁绊之状。太阳加宅，子爻作生气，寅年主生贵子。但寡宿发用，水日逢丁，防妻不利耳。

187

案验：悉如所断。

课例七十

所谋多拙　初遭夹克

○咸丰丙辰年巳月甲寅日未时，占同年周伯香，字必森，会试信。

蛇贵后阴

财辰合	合勾合勾	午未申酉
子巳朱	辰卯辰卯	朱巳　　戌元
子午蛇	卯寅卯甲	合辰　　亥常

卯寅丑子

勾青空白

正议：墓贵空上逢空，正贵逢墓，干支罗网，初遭夹克，决不能中。

案验：柏香，吾畏友，楚之志士也。心企古人，学期远到，乡试经魁。年甫二十四岁，再赴礼闱，报罢半途染病，至舅家而卒。寿少颜子一岁，殊堪惋惜。查此课，并无凶将，惟正时逢墓，斩关传入病死之乡耳。然占时何忍及此也。我与柏香初不相识，谬附贤书，遂成心性交，天遽夺之，于心终不忘，聊附于此以寄痛耳。

课例七十一

天罗自裹　虎乘遁鬼　干墓并关

○咸丰丙辰年卯月庚戌日巳时，侄辈占贸易。

合朱蛇贵

禄申青日	青阴白贵	戌亥子丑
父丑贵马	申卯午丑	勾酉　　寅后
鬼午白	卯戌丑庚	青申　　卯阴

未午巳辰

空白常元

正议：本命作日墓加干，为天网自裹，主作事糊涂，自招其悔。卯木财空，青龙折足，岂可贸易？况干墓并关，虎乘遁鬼，不惟道路梗滞，并受惊危。喜德禄乘马，太阳加年，破财而人清吉，幸矣。

案验：是年借本贸易，竟折其半，而上下兵变，携眷流离，苦不堪言，人口无伤。

胶鬲遭乱鬻鱼盐，此亦权宜之计。然无屡中之才，求利反受困，何如守拙听天之为愈也。其后舌耕还债，历年不清，岂非天网自裹乎？故录下为前车之鉴。

课例七十二

费有余而得不足　　所筮不入仍凭类

○咸丰甲寅年酉月戊子日寅时，刘姓占讼。

蛇朱合勾

官卯常　后常勾蛇　　申酉戌亥

父午后　午卯亥申　贵未　　子青

子酉朱　卯子申戌　后午　　丑空

巳辰卯寅

阴元常白

正议：脱我者实，生我者空，所费有余，所得不足。如日上申为脱气，中传午为旬空是也。昼贵加夜方，夜贵加昼方，又两贵坐狱，时用克日，虎乘木鬼，雀犯岁君，此案所关重大，绅士必受刑责，且被关押。喜月建解网，月内可以出狱，而二破加干支，四下生上，必大破其财。

案验：所占悉符

课例七十三

费有余而得不足

○咸丰甲寅年申月壬午日申时，占动静。

蛇贵后阴

财巳阴　合贵阴白　　寅卯辰巳

子寅蛇　子卯巳申　朱丑　　午元

禄亥勾　卯午申壬　合子　　未常

亥戌酉申

勾青空白

正议：长生旬空，禄加脱方，动非所宜。且动喜驿马长生，喜者反空，

189

脱者反实，是所得不偿所费也。

案验：动果不利

课例七十四

用破身心　传财化鬼　三传递生　交车相合

○甲寅年辰月丙辰日午时，抵樟树镇，占寄寓。

贵后阴元

财酉贵　元蛇常贵	酉戌亥子	
子丑常　子申丑酉	蛇申	丑常
禄巳勾　申辰酉丙	朱未	寅白
	午巳辰卯	
	合勾青空	

正议：两贵坐克，中末空亡，支上岁破，日禄坐空，日马长生投墓，课传毫无益处，所谓用破身心无所归是也。丑命上乘丁马，仍以远行为高。

案验：此处系贸易之所，毫无知音。越二日戊午遂行，不久，贼过，已成灰烬。

问：三六相合，交车相合，三传递生，会成财局，如何不可寓？曰：此课最易混人，须相时以断之。当四郊多垒，支上贼符，乘蛇武会鬼克干，三传助之，岂可以居？书曰：巳申子卯临支后，不旋踵而贼将蹑足来矣。况传成肃杀，四时返本，必不免于难。

课例七十五

华盖覆日　辛日逢丁　彼此猜忌

○咸丰辛亥年巳月辛卯日亥时，寓省垣仙枣亭占嫂病。

勾合朱蛇

子子空　元空朱后	寅卯辰巳	
父未后　酉子辰未	青丑	午贵
子子空　子卯未辛	空子	未后
	亥戌酉申	
	白常元阴	

正议：亥卯未日以未为华盖，是三合墓神也。华盖覆日，凡占昏昧，问病主愦愦之状。天后逢空，而干支相害，害者阻也，未者胃也，乃脾胃不纳饮食之象。午鬼虽空而时上白虎乘丁，病难治矣。

案验：时抱噎症，百药不效，未月身故。呜呼！嫂自二十一岁守志，三十八年甫膺。呈恩旌表，未及建坊，遽尔捐帏，殊堪悯恻！

课例七十六

华盖覆日　天网四张　后筮凭类

○咸丰乙卯年巳月辛丑日巳时，寓谷城，张姓占弟存亡。

```
                    空白常元
官巳合　青朱朱后　申酉戌亥
父丑后　未辰辰丑　青未　　子阴
父丑后　辰丑丑辛　勾午　　丑后
                    巳辰卯寅
                    合朱蛇贵
```

正议：丑为支神三合之墓，加干上名华盖覆日，兼以正时发用，俱克日，乘建旺作贼符，天网四张，无路可逃，必死于贼。占弟当以初传六合为类神，并参看申酉兄弟爻，乘死神死气坐克方，逢白虎天空，势必伤者不止一人。

案验：先兄已死，后弟运货至河南遇乱，亦渺无踪迹。

课例七十七

墓神覆日

○咸丰乙卯年巳月辛亥日巳时，唐姓者占小儿病。

```
                    空白常元
官巳合　合贵朱后　申酉戌亥
财申空　巳寅辰丑　青未　　子阴
子亥元　寅亥丑辛　勾午　　丑后
                    巳辰卯寅
                    合朱蛇贵
```

正议：问：巳鬼发用，末传子孙制鬼，又坐长生，其病无妨？曰：丑墓

191

加干，六合乘马，主小儿神魂出游，行将入墓矣。大象已凶，中制鬼何益也？

案验：未日不育，乘丁冲墓故也。凡墓喜冲，至死象已著，又为墓门开也。况干上二土克子孙，未日又克之，故凶。

课例七十八

太阳射宅　三传递生　墓神覆日

○咸丰乙卯年午月申将丁巳日巳时，寓谷城，张姓占弟逃亡，庚子命黄医占侄逃亡，亦同此。壬寅命。

		合朱蛇贵	
财申合	贵合阴蛇	申丙戌亥	
官亥贵	亥申丑戌	勾未	子后
父寅元	申巳戌丁	青午	丑阴
		巳辰卯寅	
		空白常元	

正议：先断弟，在下流东北百余里，刘姓集场，左有窑，右有庙，与本家兄弟同寓。占者曰：吾族兄在樊城刘家集贸易，上名石灰窑，下名欧家庙，得非此处乎？余曰：不必往寻，得一纸书自来矣，果然。

后断侄，在西南百余里刘姓母党之家。占者曰：予家西南与侄之姨母刘姓相近，然离此地百余里，幼儿逃学，安知路程。余曰：路遇亲邻，以马乘之，不敢到家，故隐于亲处耳。后得信，果出门遇售货者，扬鞭而至姨母家矣。

参议：问：两事同课而断异何也？曰：先得此课，见戌蛇加干，有窑象。申合加支，有庙象。申马加巳为兄弟爻，巳中又有张姓，故断在本家。初传六合为兄弟，为月马，专以此爻决之。

复得此课，看末传寅命加长生，畏支上申之冲克，喜四爻亥之生合，故断其不到家而在亲邻。

问：里数姓氏方向何辨？曰：发用合申相乘，巳申相加，俱是百余里。六合属卯，乘申故断刘姓。初传申马顺行至寅与亥相合，而止，是下流东北也。亥为孩儿，又为日马，加申方，占侄故断在西南也。且弟贸看六合，侄读近贵人，此申亥两马之分也。占弟在先，占侄在后，而寅命又见末传，此初末传之分也。

问：蛇墓死气加干，得毋凶乎？曰：太阳照宅，末传长生，三传递生，何至于死？但蛇墓覆日，逃走者非糊涂则有惊惧耳。

差距：后断有马相遇何也？曰：四爻为邻，亥作日马，入中传递生寅命故也。

课例七十九

太阳射宅　夫妻芜淫　彼此猜忌　避难逃生

○咸丰丙辰年午月壬午日午时，自占谷城南河一带可寓否。

<pre>
                    合勾青空
官丑阴   青勾阴元   午未申酉
子寅后   申未丑子   朱巳   戌白
子卯贵   未午子壬   蛇辰   亥常
                    卯寅丑子
                    贵后阴元
</pre>

正议：子午卯酉为败地，乙戊己辛壬为三光不照，丑为万物纽结之时；五干四支相配之日，逢丑加仲发用，为九丑课。如壬午日用丑是也。占事灾祸不出三年三月，干支上神彼此互克，而子丑午未又各自为合，此芜淫卦也。占人主各怀私心，不可相投，兼以干支六害，初传克而中末脱神，玄武乘贼符冲支，此地今年定有变故。所谓避难须弃旧也，查长生青龙日马加未，未为秦地，作太阳，可以回光照耀，此所以逃生于兴安也。

案验：六月上行，七月到陕西兴安府，八月土匪起事进谷城，幸免于难。次年兴安从学者颇多。

附：未月初七日夜筮往兴安府，得涣卦，两爻动。

"上九，涣其血去惕出，无咎。"象曰："远害也。"谨案此言，涣散则血伤可去，忧惕可出。复申之曰：远害，其指示可谓明且尽矣。然而更有进也。"六四，涣其群，元吉。涣有丘，匪夷所思。"象曰："涣其群，元吉，光大也。"又案此言，离群远引，可以大吉，而有丘、匪思之说，殊难，先拟及事，后则了然矣。屈指流离八年，奚囊告罄，穷途那堪再徙？既能到岸，人地两疏，何砚可耕？计惟将伯之助，作负贩之谋耳。讵市也，而馂教也。而丰诚匪夷所思矣。且涣有丘，散而复聚之象。于楚离群，于秦盍簪，先亡其羊，后补其牢，皆此象也。初到，寓府城内，及过河，见群峰屹立，独中台地方有丘形焉，遂迁之，始叹神明之启予者深也。

课例八十

支乘墓虎　丧吊全逢

○咸丰甲寅年未月丁亥日寅时，占寄信湖南可到否。

```
                        蛇朱合勾
兄巳常  贵白常合   戌亥子丑
子戌蛇  酉辰巳子  贵酉    寅青
父卯空  辰亥子丁  后申    卯空
                  未午巳辰
                  阴元常白
```

正议：二马发用，末传助初，寅时青龙文书生日，不惟信可到彼，且即有回音来此。但干上子为吊客，支上辰为丧门，不免缟素之服。

案验：信到即覆，其人不久作古。

课例八十一

彼此全伤

○咸丰甲寅年戌月己未日申时，易姓占子在军吉否。

```
                        蛇朱合勾
鬼卯合  后合后合   丑寅卯辰
财亥后  亥卯亥卯  贵子    巳青
兄未白  卯未卯己  后亥    午空
                  戌酉申未
                  阴元常白
```

正议：干支受克为彼此全伤，事必两损。此课三传会鬼，干支又乘明暗二鬼，是已在重围中矣。全赖申时子孙救神，奈乘马逢空，何能逃出？阵亡者非止一人矣。贵人投墓，亦官兵俱伤之象。

案验：八月十五夜，贼兵劫营，二子俱陷，都司及守陴亦遇害。又聂姓武痒占，同此。

课例八十二

夫妻芜淫　三传推生　彼此猜忌

○咸丰乙卯年未月丙申日辰时，韩万顺占父病。

```
                      蛇贵后阴
财申蛇　白阴阴蛇　申酉戌亥
官亥阴　寅亥亥申　朱未　　子元
父寅白　亥申申丙　合午　　丑常
                  巳辰卯寅
                  勾青空白
```

正议：朱子论易，"须识得象占分明！"如此课，递生六害，芜淫皆象也。然所占在病，与举荐、猜忌夫妇何涉，即阴鬼重逢，有关于病，而所占在父，鬼生父爻，亦不致为害。惟寅乘白虎，日上申财又冲克之，占父不吉。四课不全，卯命加子相刑，又乘天空，主手足不仁，半身不遂之症。幸三传推生，父爻坐生，一时无损于寿。但课名回环，病难脱体，复中则难活矣。

案验：病症果如所占。

课例八十三

干墓并关　合中犯煞

○同治癸亥年酉月乙亥日酉时，西乡县华姓占地方安否。

```
                      蛇朱合勾
财未白　合白常贵　丑寅卯辰
禄卯合　卯未申子　贵子　　巳青
父亥后　未亥子乙　后亥　　午空
                  戌酉申未
                  阴元常白
```

正议：正时元武克日，乘建旺；木墓发用，又作关神克支；游都贼符布满课传，指顾间必有寇至。干支相害，三合成局，贼来必多，不止一处。涉害为用，禄逢月破，难免门户动摇，财物破耗。现在收割之时，急宜清野，上寨紧壁；自墓传生，人口无恙。

案验： 本月汉中城陷，各处被劫。

课例八十四

支坟财并　干支乘墓　空上逢空　已灾凶兆

○咸丰甲寅年酉月甲申日午时，易姓占家宅。

合朱蛇贵

父子白　蛇贵白空　　辰巳午未

父亥常　午未子丑　勾卯　　申后

财戌元　未申丑甲　青寅　　酉阴

丑子亥戌

空白常元

正议： 支上乘墓作财爻，主旅程留滞，行商亏本。此课未墓作财、旬空，末传元武乘魁、加命，定主众人抢劫，凡占凶兆，已见无妨。未为日墓，丑为支墓，彼此相乘，为互墓格，人宅总不亨快。

案验： 夏季已被土匪抢掠数百串。

附录：《玉成歌》云"元空值财遭贼盗，财伤年命斗争因。"

课例八十五

受虎克神为病症

○咸丰甲寅年酉月己酉日子时，余姓占兄病。

蛇朱合勾

财亥合　元青白合　　酉戌亥子

鬼卯白　巳丑卯亥　贵申　　丑青

兄未后　丑酉亥巳　后未　　寅空

午巳辰卯

阴元常白

正议： 占病视白虎乘神之所克，便知其症。如此课，虎乘卯木，木克土，则是脾胃受病，可知受病于脾，而见于手，其手必不举也。病逢三合，久而不脱之象。

案验：疯痰之症，两手不仁，病之已久，治不见效。

课例八十六

制鬼良医　罡塞鬼户　贵登天门

○咸丰甲寅年巳月戊戌日午时，占医药。

空白常元

		未申酉戌
财亥阴　蛇后常空		
兄丑贵　寅子酉未	青午	亥阴
官卯朱　子戌未戌	勾巳	子后
	辰卯寅丑	
	合朱蛇贵	

正议：制鬼之位即子孙爻也。如此课，酉为子孙，乘丁加命，冲克卯鬼，动而求医，其药必效。现在日上未土天医颇得相气，惜乘乙木暗鬼。又与卯三合，不如酉之制鬼为速也。或谓酉为月内死气，似不吉。然酉坐生方，不足为忌。况登天塞户，白虎烧身，俱是吉格，何畏之有？

案验：肝木克土，病系黄瘅，屡服官药，未见大效。后移居城隍庙，遇管先生以草药治之即愈。盖丁马主动，而酉中有管籥之姓也。

课例八十七

制鬼良医　狐假虎威

○咸丰乙卯年巳月丁未日卯时，占医药

蛇贵后阴

		戌亥子丑
兄巳空　空后空后		
子戌蛇　巳子巳子	朱酉	寅元
父卯常　子未子丁	合申	卯常
	未午巳辰	
	勾青空白	

正议：问：六合乘申加卯，为六片板格；子巳相加为死字；斫轮铸印，占病最忌；兼以命入鬼门，能无凶乎？曰：卯为生气，则身在床而非在棺也。况申为太阳，可以解厄，加卯方日出之光，何忧短折？寅为鬼户，却是日之

长生，命加生地，岂可以鬼门论乎？天后乘子克日，虽属可忧，然未土制之，正应狐假虎威之喻，此药必效。而巳子相加，不必泥也。

案验： 此避难谷城，为次子抱病占也。时伤寒甚危，得此课不暇细思，益增忧疑。后竟无事，则辨之不可不精也。

课例八十八

虎乘遁鬼

○甲寅年寅月己巳日酉时，占行人。

<pre>
                         蛇贵后阴
财亥元 后蛇元后   未申酉戌
兄丑白 酉未亥酉   朱午   亥元
鬼卯青 未巳酉己   合巳   子常
                     辰卯寅丑
                     勾青空白
</pre>

正议： 初传马空未动，太阳失明，元亥加毕，苦雨之象。进间课，亥前一位是子，子为月内雨煞，定为雨阻也。然卯乘转煞，午日丁马得禄，必动。中传虎乘游都作关神，半路又为贼兵所阻，未日冲之必到。然近射逢空，离家四里，肩运无力，必落西方妇人之家，须着人接应，方来其所取之，物不能全到，以课名不备也。

参议： 问：干支受脱，元武临财，安知不为盗所劫乎？曰：元武与亥财比和，又坐生方，而青龙旺相，非失财之象也。

问：《指南》云："间进间退两课名，他乡阻隔分明白。"此课是也。又曰"游煞丁马行不停，退而来兮进则去。"此课何以断其必来也？曰：进间者，进则有阻也。而末传丁马乘转煞克日，进极而退也。且贵人逆行，用在日前，非来而何？

问：未只冲中传，何以言到？曰：虚一待用，未冲则凑合矣。又五十里看时辰，酉时加未亦主未日到也。

差距： 虎乘遁鬼殃非浅，此何以无凶？曰：未遁辛作子孙以制之，无妨。

案验： 果一一如断。

课例八十九

鬼临三四　任信丁马

○同治乙丑年未月丁亥日未时，王生占弟病。

空白常元

官亥贵	贵贵常常	巳午未申	
子未常	亥亥未未	青辰	酉阴
子丑朱	亥亥未丁	勾卯	戌后

寅丑子亥
合朱蛇贵

正议：伏吟见丁官作死气，日禄已空，此病不治，亦不能出月。

案验：其妻王邹氏登时殉夫，应亥为双鱼，死气重叠故也。又为官贵，旌表之象。

课例九十

鬼临三四　任信丁马

○同治乙丑年酉月癸未日巳时，自占子病。

贵后阴元

鬼丑勾	阴阴勾勾	巳午未申	
鬼戌白	未未丑丑	蛇辰	酉常
鬼未阴	未未丑癸	朱卯	戌白

寅丑子亥
合勾青空

正议：课传纯鬼无制，殊属可危。幸卯命克土，有春雷脱难之象，无妨。

案验：果愈。

附议：

问游子见丁，占病大忌，何以前凶此愈？曰：前是久痨，见丁则动而入墓矣。此是标症，考试在即，能动则愈矣。

课例九十一

病符克宅全家患

○甲寅年午月丙子日午时，杨刘氏占家宅。

```
                          合朱蛇贵
      父寅白   白常朱合    午未申酉
      父卯空   寅丑未午  勾巳    戌后
      子辰青   丑子午丙  青辰    亥阴
                        卯寅丑子
                        空白常元
```

正议：此课子与媳皆多病而延缠也。病却无妨，且有协孕之兆。

参议

问：何以知子媳皆病？曰：末传子孙，初中两传皆克之，必子病也。病符乘太常克支，又主女病。然丑作天喜加胎神之上，病而且孕也。

案验：一子两媳俱病。

课例九十二

丧吊全逢　宾主不投

○咸丰辛亥年巳月乙丑日巳时，前行汉阳，张仲达夫子占暑后起屋。

```
                        蛇朱合勾
      鬼酉蛇   蛇元勾贵    酉戌亥子
      财丑青   酉巳子申  贵申    丑青
      子巳元   巳丑申乙  后未    寅空
                        午巳辰卯
                        阴元常白
```

正议：初逢破碎，三传克日，干支相刑，不可经营。财乘青龙天喜，子逢月建，主月内有生育之喜。然酉为妾遭夹克，死气吊客又与丑上丧门相会，产后其妾不寿。

案验：因课不吉，土木未兴，旋生女，而如夫人以病故。

附录：《玉成歌》云"惟有巳酉丑三神，岁中必定别阴人"，占得从革课者，未必定以此断，但凶煞类聚，则应此耳。

课例九十三

前后逼迫

○咸丰甲寅年巳月癸巳日辰时，占买货回家。

<pre>
                        青空白常
财午蛇   阴青空蛇   戌亥子丑
兄亥空   卯戌亥午   勾酉   寅元
官辰后   戌巳午癸   合申   卯阴
                    未午巳辰
                    朱蛇贵后
</pre>

正议：日克午火发用，又被中传亥克，为前后逼迫，进退两难之状，不惟财空，买卖不利，且主阻隔难行。

案验：果不行。

课例九十四

空空如也

○咸丰甲寅年辰月壬戌日申时，到袁州，占往芦溪。

<pre>
                        勾青空白
兄子元   后元贵阴   未申酉戌
财寅后   寅子卯丑   合午   亥常
鬼辰蛇   子戌丑壬   朱巳   子元
                    辰卯寅丑
                    蛇贵后阴
</pre>

正议：干支课传俱是旬空，惟末传不空，又是鬼墓，而元后蛇亦非吉神，断不可往。

案验：一旬后丙子日，贼由湘潭过芦溪，掳掠一空。

课例九十五

空空如也

○同治甲子年戌月癸丑日卯时，陈姓占产。

```
                    蛇朱合勾
   子寅元  阴元阴元    午未申酉
   子卯阴  卯寅卯寅   贵巳   戌青
   官辰后  寅丑寅癸   后辰   亥空
                    卯寅丑子
                    阴元常虎
```

正议：此与遍地贵人同例，课传俱是子孙，俱是空亡，乃屡生不育之象。年年怀孕膝下无儿。此次死气发用，末传天喜逢墓，仍是虚生。

案验：占者曰：诚如先生所言，年近六旬，膝下一子，望孙念切，此为媳占也。余曰：日上寅乘元武，为脱盗格，乃郎恐非克家之器，不独孙儿难望也。兄宜趁时纳妾，以为后图，免抱噬脐之悔。

课例九十六

宾主不投

○咸丰辛亥年巳月辛未日午时，同里杨友占行人。

```
                    空白常元
   子亥元  后常朱后    申酉戌亥
   父丑后  丑戌辰丑   青未   子阴
   父丑后  戌未丑辛   勾午   丑后
                    巳辰卯寅
                    合朱蛇贵
```

正议：正时午乘转煞，行者已返棹矣。但墓神加干，病符加支，行人防有疾病。初传脱空，所谋不遂。且干支相刑，午勾克日，宾主来往之处必有讼起，而亥自三合之方发用，事因同类相连而及。

案验：戊辰日运盐人自仪征动身，本月丙戌日到船上，失足伤腰，盐不得利。六月在汉，复与盐行兴讼，先自栈控起。

问：何以失足？曰：戌为足，墓主昏迷，丑刑戌，非失足而何？

问：何以辰日动，戌日到？曰：土主迟滞，非冲不动，辰日冲干，戌日干神归支故也。

课例九十七

宾主不投　来去俱空

○咸丰甲寅年卯月乙未日辰时，舟中占进江西城。

<table>
<tr><td></td><td></td><td>合勾青空</td><td></td></tr>
<tr><td>财戌朱</td><td>后青常朱</td><td>亥子丑寅</td><td></td></tr>
<tr><td>财辰常</td><td>未丑辰戌</td><td>朱戌</td><td>卯白</td></tr>
<tr><td>财戌朱</td><td>丑未戌乙</td><td>蛇酉</td><td>辰常</td></tr>
<tr><td></td><td></td><td>申未午巳</td><td></td></tr>
<tr><td></td><td></td><td>贵后阴元</td><td></td></tr>
</table>

正议：返吟为无依，干支上神丑戌相刑，进城必不见留，反有口角。三传辰戌逢空落空，亦非转移之象。

案验：时江右盘查甚严，舟中有人欲进十八堂居住，以课不吉辞之。后寄城外，有齿录年谱为证，尚疑为非，可知进城之必不相投也。

课例九十八

彼此猜忌　合中犯煞

○咸丰甲寅年巳月壬辰日丑时，衣店黄维型占友被掳可回否。

<table>
<tr><td></td><td></td><td>勾合朱蛇</td><td></td></tr>
<tr><td>兄子青</td><td>元青朱阴</td><td>丑寅卯辰</td><td></td></tr>
<tr><td>父申元</td><td>申子卯未</td><td>青子</td><td>巳贵</td></tr>
<tr><td>鬼辰蛇</td><td>子辰未壬</td><td>空亥</td><td>午后</td></tr>
<tr><td></td><td></td><td>戌酉申未</td><td></td></tr>
<tr><td></td><td></td><td>白常元阴</td><td></td></tr>
</table>

正议：传逢三合，有与干支刑冲破害者，为合中犯煞，主和合之中反见乖戾。惟占解散事却宜合中有冲。如此课，丑将天喜克日，是好音到此也。且与日上丑未相冲，元武又乘岁破生日，必能逃出危城。但干支上神子未相

害，彼此猜疑，不无阻隔，出月子午逢冲，丑日必到。初末丧吊全逢，天后坐墓，防有克妻之凶。

案验： 五月丑日果到。此人无妻。黄维型于戌月辛未日妻以产亡，应在占课人也。

课例九十九

彼此猜疑　所谋多拙

○咸丰丙辰年申月戊子日辰时，寓兴安，占买花。

<pre>
                              青空白常
        鬼寅蛇　蛇贵空青　　午未申酉
        官卯朱　寅丑未午　勾巳　　戌元
        兄辰合　丑子午戌　合辰　　亥阴
                          卯寅丑子
                          朱蛇贵后
</pre>

正议： 此课可静而不可动。众鬼重重，幸日上青龙扶干，坐而受生，可以泄鬼之气。三传撞干，彼来向我则可，动则有祸。比用亦宜于近。然青龙逢空，丑午相害，财属子虚，而宾主疑忌，不如不办之为愈也。

案验： 八月襄樊贼起，河口震动，花皆上行。若在先往必罹于祸。后有朋友避难至兴安，代为运筹，颇费心神，后遭疑忌，大受其累，此知几而不能守之过也。

课例一百

互生俱生

○癸丑年卯月丁酉日卯时，在楚臬署，同幕周顺堂兄占游江南。

<pre>
                              蛇朱合勾
        官亥贵　贵青阴合　　子丑寅卯
        禄午白　亥辰酉寅　贵亥　　辰青
        子丑朱　辰酉寅丁　后戌　　巳空
                          酉申未午
                          阴元常白
</pre>

正议：互生者，支上神生干，干上神生支也。干支各受上神之生，为俱生。如此课，寅生干，辰生支是也。占主彼此有益。但贵人投墓，居停必有不吉之处。日马坐空，本身亦难远行，仍在本省。军功可得，议叙职衔。

案验：下至黄州，即得六品军功。未出楚省，以病辞而回，东家升江南中丞，殉节。

附议：

问：何以知本省可得军功？曰：日为现在，皇书战雄生日，寅字象黄，故应黄州之捷。支为他处，辰土空脱，不吉。又日马夹克，时作转神，岂能远游？

课例一百〇一

互旺皆旺

〇咸丰甲寅年申月甲寅日巳时，占出行。

				蛇贵后阴	
财辰合	合勾合勾		午未申酉		
子巳朱	辰卯辰卯		朱巳	戌元	
子午蛇	卯寅卯甲		合辰	亥常	
			卯寅丑子		
			勾青空白		

正议：互旺者，干旺神加支，支旺神加干也；干支皆乘旺神，为俱旺。如此课，卯为干支旺神，加于干支之上是也。宜坐谋，不宜行动。虽初传斩关，中传丁马，末传天马，有急动之象。然干支罗网，初遭夹克，终不能行也。

案验：果不能行。

课例一百○二

干支值绝　来去俱空

○咸丰戊午年元旦午时，自占家宅。

```
                          朱蛇贵后
    子申青　后青常朱　　亥子丑寅
    鬼寅后　寅申巳亥　合戌　　卯阴
    子申青　申寅亥戌　勾酉　　辰元
                          申未午巳
                          青空白常
```

正议：返吟主动移，见驿马更速。然初末俱空，究竟不动。交车相合，虽人情反复，终归于和。干支各见绝神，事主决断，不可以人言易之也。

案验：秋后人情乖违，劝迁者多。然决意守旧，各处相迎，究未之动，而去者亦复来焉。

课例一百○三

人宅皆死　干支受脱

○咸丰甲寅年辰月壬申日巳时，寓北门水府祠，占失书籍。

```
                          空白常玄
    鬼未勾　蛇元勾贵　　酉戌亥子
    兄亥常　辰子未卯　青申　　丑阴
    子卯贵　子申卯壬　勾未　　寅后
                          午巳辰卯
                          合朱蛇贵
```

正议：壬死于卯，申死于子，死神加干支，子辰为丧吊，人宅俱衰之象。子卯又为干支脱气，易招盗贼，此处不宜久居，三传会木泄干，此书已卖入东门有丧吊之家，中末逢空，不可复得矣。

案验：失物未获，四月子病，迁居乃愈，同寓者后复被劫。

课例一百○四

传墓入墓

○咸丰甲寅年酉月戊戌日亥时，王姓占谋事。

合勾青空

子申蛇	蛇常常合	戌亥子丑
兄丑空	申卯卯戌	朱酉　寅白
父午后	卯戌戌戌	蛇申　卯常

未午巳辰

贵后阴元

正议：传墓者，中传作初传之墓也。入墓者，中传，作末传之墓也。凶神凶将喜墓，吉神吉将忌墓，须分别言之。如此课，初传申，中传丑，是日马传墓。占行人速至。若动而谋事，则非所宜。支来加干，与太常作六合，亥时财逢月马，必有亲戚自家而来邀，往西北求财。当坐以待之，不可先动，戌加巳，逢空出旬有准。

案验：此人赋闲半载，若有迫不及待之势，时以温语慰之。果至乙巳日有亲戚到此约往西方就事。

课例一百○五

不行传者

○咸丰甲寅年戌月己巳日午时，邹姓占店事。

朱合勾青

官寅朱	后朱蛇勾	寅卯辰巳
财亥后	亥寅丑辰	蛇丑　午空
子申常	寅巳辰己	贵子　未白

亥戌酉申

后阴元常

正议：中末逢空，其传不行，吉凶但以初传为断。如此课，官鬼朱雀太岁遥克发用，必有言语之伤。月破勾陈加日，又遇螣蛇破碎，其口角更的。

案验：果如所断。

课例一百〇六

三六相合　众鬼不畏

〇咸丰丙辰年丑月乙巳日酉时，占梦。

合朱蛇贵

鬼酉合	后合贵勾	酉戌亥子
财丑后	丑酉子申	勾申　丑后
子巳白	酉巳申乙	青未　寅阴

午巳辰卯
空白常元

正议：时用克日，名为天网；三传从革，众鬼彰彰，似可忧危。然日德临身，消除万祸，末传又见子孙，何难解网？且三传递生，三六相合，财爻适逢建旺，定有得朋之庆。

案验：时土匪震动，旋见剪除，次年生徒济济。

课例一百〇七

合中犯煞　三传递生　屋宅宽广

〇同治癸亥年酉月庚寅日子时，由高川启行，占郧西有贼阻否。

朱合勾青

父辰元	合后元青	酉戌亥子
禄申蛇	戌午辰子	蛇申　丑空
子子青	午寅子庚	贵未　寅白

午巳辰卯
后阴元常

正议：太阳照武，支上鬼空，三传会子，斩关得断，德神入传，递生，不致有阻。

参议：问：合中犯煞如何？曰：占解脱事，正喜合有有冲刑。如此课，鬼空恋生，贼在巢穴未出。三传制鬼，水曰润下，是顺流而行舟，贼不为害也。况青龙为万里翼，得水乘旺冲鬼，而不为鬼冲，是制煞非犯煞也。

问：三传脱日生支，屋旺人衰，奈何？曰：此非占宅也，斩关主动则吉，坐则必为游都贼符所脱，且脱干生支，是外凶而内吉也，不得以常例泥之。

案验：果贼在镇安未出，河舟过无事，未久汉中城陷，不动则高川馆难矣。

课例一百〇八

合中犯煞　水日逢丁
〇同治乙丑年午月癸亥日亥时，王生占舅父溺水捞尸得否。

<pre>
                        朱蛇贵后
      鬼未常　贵常阴空　　丑寅卯辰
      子卯贵　卯未巳酉　合子　　巳阴
      兄亥勾　未亥酉癸　勾亥　　午元

                        戌酉申未
                        青空白常
</pre>

正议：水日逢丁，常占财物动，于此何涉？合中犯煞，其凶已现，亦复何忌？然未命遥克日干，此时人已上岸，有自彼来此之象，则丁驿二马不以财论，而以舆尸论。卯棺加未，有入土之象。得巳酉一冲，合而复开，是被人捞起将掩埋。而又遇亲戚来也。未为天目，三传会木，朱雀乘德，必李杨有德之人看着。传顺遇勾，随河直流，至八十里始得也。

案验：近处已捞三日矣，本日忽于四十里外被杨姓袁姓打网捞着，将埋，得信即止，并不索谢。其里数误以未断，不知应在勾陈亥为四故也。亥又为双鱼，勾陈克水，有勾留之义，故为捕鱼者获也。袁姓应未土也。

课例一百〇九

初遭夹克
〇同治乙丑年午月甲子日辰时，王东峰占六甲。

<pre>
                        蛇朱合勾
      鬼申蛇　后常蛇阴　　申酉戌亥
      父亥勾　午卯申巳　贵未　　子青
      禄寅白　卯子巳甲　后午　　丑空

                        巳辰卯寅
                        阴元常白
</pre>

正议：正时天罡作生气，今晨巳有动机。初传申受夹克，又乘月马，申时必生。神将属阴者，多应是瓦兆。若产妇年大，则以末传艮为少男，论但生女育而生男坏耳。

案验：果动与产悉如其时，生男，堕地无声。

问：何以女育男死？曰：日上巳为长女，坐长生乘旺气，故无恙。问产妇四十余岁，其为末胎可知，寅被虎伤，又坐空方，见生不生故也。

附议：问：申受夹克，何以言生？曰：丑为腹，加木则生。凡产必腹痛也。申为肠，乃传送之神，合则迟，克则快。二项皆无明文，但意会之耳。

课例一百〇九

初遭夹克　传墓入墓　空上逢空
〇同治乙丑年酉月丙申日丑时，占还书。

		朱蛇贵后		
财酉朱	白后阴朱	酉戌亥子		
子丑阴	辰子丑酉	合申	丑阴	
禄巳空	子申酉丙	勾未	寅元	
		午巳辰卯		
		青空白常		

正议：雀乘建旺，此书不致还失。酉为转神，本月必转还矣。

参议：问：朱雀坐空，初遭夹克，奈何？曰：夹克者财也，非书也。财不由己，于书何伤？雀虽会空，而加干，干为我，书既属我，何为空？

问：末为成期，空上逢空，又带破碎，是初现而终空也？曰：不行传者考初时，谓中末逢空，但取初传断之，此课只空末传，则决之于初中传墓可也。

案验：本月癸丑日书到，应朱雀传墓也。系族侄路亡，其兄在馆，查来应中传子孙死气也。馆人漏其货，不能交，应财遭夹克也。其妻索货，必有口舌，应虎克天后，空乘破碎也。

课例一百一十

将逢内战　辛日逢丁　合中犯煞

○咸丰乙卯年申月辛巳日丑时，张仲达夫子占离楚省。

<pre>
                              合勾青空
        禄酉合   白合贵常   酉戌亥子
        父丑白   丑酉午寅   朱申   丑白
        官巳后   酉巳寅辛   蛇未   寅常
                              午巳辰卯
                              贵后阴元
</pre>

正议：此课若占病讼及合伙营生，皆以凶断，而占官则不然。现在赋闲，逢丁即有差事。亥水青龙得相气，坐未受克，定主升迁，历任楚省，则楚为支而他省为干，干犯煞而支比用，是内吉而外凶也。

参议：问：占官视官星与青龙，此课可兼看乎？曰：课名知一，知其一，莫知其他也。干上不比，则以财生官，不必说矣。专看支上与青龙可也。

问：用禄旬空，奈何？曰：禄虽空而乘进气，一交酉月便有好音。《玉成歌》云"知一每事须云近。"又三合自支传支，不惟不出楚省，且差遣摄篆。只在西南近处，龙乘日马应是运粮之官。

案验：时寓樊城，八月奉差到荆。丑月署粮道，旋即升补。

附：奇门白露上元九局壬午日酉时占，同上。

占官以开门为主，落在兑宫，时旺地旺，又得星奇制庚，直符之宫生开门之宫，八月上流近处定有委署，此与壬课同吉，故并录之。

课例一百一十一

将逢内战　三传递生

○咸丰甲寅年戌月丙辰日丑时，周姓占谋事。

```
                    合朱蛇贵
  财申合  蛇勾贵合    申酉戌亥
  鬼亥贵  戌未亥申   勾未    子后
  父寅元  未辰申丙   青午    丑阴
                    巳辰卯寅
                    空白常元
```

正议：初传六合内战，又逢岁破，天后旬空，孤神寡宿并见，课传上克，必克妻。时逢破碎冲支，且有口舌。三传递生，末传长生，应有母家之亲在此开店，可谋生理，亥日当就。

案验：五月克妻，以午为日之劫财。又冲去天后也。原在舅姑店帮贸，以口舌辞去，后仍就之。

课例一百一十二

人宅坐墓　所谋多拙

○咸丰甲寅年未月庚寅日午时，有人占失物。

```
                    青空白常
  父辰合  合朱元常    午未申酉
  官巳勾  辰卯戌酉   勾巳    戌元
  鬼午青  卯寅酉庚   合辰    亥阴
                    卯寅丑子
                    朱蛇贵后
```

正议：朱雀加支，下贼发用，事起内人。各逞小忿，庚坐支之未墓，寅坐干之丑墓，彼此昏晦，不念懿亲，致奴婢互相蒙蔽。戌为奴，乘玄；酉为婢，乘常；是奴婢偷窃食物也。干支上神各作六害，互相冲破，乃彼此欺蒙，复相攻讦之状。宜各自裁抑，毋致以小滋大，反遭罗网缠身也。

案验：妯娌不和，因失鸡起衅，入庙咀咒，亲友挽之，遂止。酉属鸡冲朱雀，故口舌起于此也。

《诗》云：民之失备，乾餱以愆。古人细行必矜，所以绝讼之源也。今为鸡黍之微，竟忘手足之爱；妇人不足责，可嗤者，堂堂丈夫也。

课例一百一十三

人宅坐墓　朽木难雕　前后逼迫　害贵讼屈　虎临干鬼
○咸丰甲寅年酉月戊申日酉，刘姓占年运。

青空白常
子丑寅卯

财子青　合常贵青　　子丑寅卯
兄未贵　戊卯未子　勾亥　　辰元
鬼寅白　卯申子戊　合戊　　巳阴

酉申未午
朱蛇贵后

正议：戊干加戊，申支加丑，为人宅坐墓格。占事主自招昏晦，其屈抑无所归咎。酉时雀犯岁君，兼克本命，初传财乘青龙，前后受克，又与贵人相害，必因得财而兴大狱，虎临干鬼，三传递克，干支相刑，墓神加年，定遭刑责，而被管押，此时进退两难，喜虎鬼逢空，朽木难雕，其案终归悬宕而已。

案验：事因他人告帐本利约有一万余两，凭官和结。原告以数千分谢居间之人。后复被控。皆指为练勇捐项，与者受者俱蒙责押。

课例一百一十四

干支乘墓　魁度天门
○咸丰辛亥年未月甲申日未时，原任谷城县陈明府占谋望。

合朱蛇贵
辰巳午未

父子白　蛇贵白空　　辰巳午未
父亥常　午未子丑　勾卯　　申后
财戊元　未申丑甲　青寅　　酉阴

丑子亥戊
空白常元

正议：干墓加支，支墓加干，前官后任，彼此俱不得志，进退两难之状。魁度天门，诸凡阻隔，支财逢空，托人转移，亦不济事，中传丁马，乘文书，当有差事。

案验：所断情形俱符，七月果有通城差事。

课例一百一十五

任信丁马

○咸丰甲寅年未月庚戌日午时，宜春文庠杨书卿占六甲。

			勾青空白
兄申白	元元白白	巳午未申	
财寅蛇	戌戌申申	合辰　　酉常	
鬼巳勾	戌戌申庚	朱卯　　戌元	
		寅丑子亥	
		蛇贵后阴	

正议：伏吟课，刚日为自任，柔日为自信，本主伏而不动，若逢丁驿二马，则又主动。白虎为血光传送之神，虎乘日马，其动尤速。时作青龙，刚日用阳，定是弄璋之兆。中传逢空，末传生气，亥日冲巳，寅时冲马，则生。

案验：八月己亥日寅时，果生孙男。

课例一百一十六

任信丁马　太阳照武　三传互克

○咸丰甲寅年辰月戊午日戌时，舟中占有贼否。

			朱蛇贵后
父巳朱	蛇蛇朱朱	巳午未申	
子申后	午午巳巳	合辰　　酉阴	
鬼寅青	午午巳戊	勾卯　　戌元	
		寅丑子亥	
		青空白常	

正议：自任课逢丁马，静中有动，巳为劫煞，正时逢武，定有贼来。武乘戊土太阳，应可擒。然太阳坐于夜方，无光可照，惟喝散发用，又乘朱雀，

可以声咳逐之，青龙遭克，必有所失。玄武内战，只能外窃，不能内入。

案验：庚申日夜，窃去篷外风帆，以寅为栋梁故失桅中之物也。余闻响声，唤榜人不起。贼未入内，亦无大失。伏吟主近，三传递克，必有二三人相传而去。

课例一百一十七

来去俱空

○咸丰丙辰年巳月己亥日卯时，寓谷城刘星垣亲家占遇合。

<pre>
                    蛇贵后阴
父巳白 蛇虎青后   亥子丑寅
财亥蛇 亥巳未丑   朱戌   卯元
父巳白 巳亥丑巳   合酉   辰常
                    申未午巳
                    勾青空白
</pre>

正时元武贼符克日，游都加干，课属反吟，蛇虎纵横，定主寇贼动摇。然初末俱空，一时难以离却。此方喜蛇虎空亡，只属虚惊，而反吟无常，贼来速去亦速耳。若遇合，则不必问也。

案验：时燕雀处堂，安诸无事。余携眷在谷，将为迁计，星垣不以为然。越数日，馆中失去衣物，谓课已应余日元武临门。此小试耳，非正占也。八月，襄阳土匪起事。九月，遂陷谷城，星垣遁入山村，幸免于难。月余贼退，复反谷城。

课例一百一十八

虎临干鬼

○咸丰甲寅年午月壬子日酉时，衣店黄维型占终身。

<pre>
                    蛇贵后阴
鬼戌白 白空常白   辰巳午未
父酉常 戌亥酉戌   朱卯   申元
父申元 亥子戌壬   合寅   酉常
                    丑子亥戌
                    勾青空白
</pre>

正议：虎作干鬼，又逢死气，课传重见，九月定有凶事，非止一端也。三传退茹，急宜引退。然白虎克干，干神归支，而支阴又克之，是内外不安之象。传聚西方遥冲空亡之子孙，子嗣维艰，三虎纵横，难免灾祸。

案验：九月妻以产亡，子亦未出。

课例一百一十九

虎临干鬼　退茹空亡　魁度天门

○咸丰丙辰年辰月壬午日戌时，自郧阳辞馆下行，占可到家否。

<pre>
                        蛇贵后阴
鬼戌白　蛇贵常白　　辰巳午未
父酉常　辰巳酉戌　朱卯　　申元
父申元　巳午戌壬　合寅　　酉常
                    丑子亥戌
                    勾青空白
</pre>

正议：天网四张，虎鬼加干，此处兵灾甚速，急宜引退。然魁度天门，斩关逢吏，下行阻塞，不能到家。退茹空亡，宜向前进，以取亥水之禄，此以课体断也。

案验：四月下老河口，闻本省未复，贼兵梗塞，六月上住兴安，九月土匪起事，郧阳震动。

课例一百二十

虎临干鬼

○甲寅年午月甲戌日酉时，易姓占生意。

<pre>
                        朱合勾青
子午青　青白元后　　卯辰巳午
财辰合　午申戌子　蛇寅　　未空
禄寅蛇　申戌子甲　贵丑　　申白
                    子亥戌酉
                    后阴元常
</pre>

正议：此店可开，而屋不可居；涉害课，主开店以来殊费艰苦；干支二

破事多折耗。幸中传财逢生气，初传青龙建旺助之。此店不可废置，惟戌支死气，上见虎鬼，伙计有死丧之威。申又冲寅，有栋折之灾，此屋宜迁之为善。且正时太阴克日，玄后加干，二课并防阴邪不正之事脱耗财物。

案验： 去年伙计坠楼而死，今年梁倾而折，屡年折本，欲开而不忍弃。

课例一百二十一

龙加生气

○癸丑年辰月戊辰日酉时，在臬署，占江大人下江南。

			朱蛇贵后	
禄巳朱	合合朱朱		巳午未申	
子申后	辰辰巳巳	合辰	酉阴	
官寅青	辰辰巳戊	勾卯	戊元	
			寅丑子亥	
			青空白常	

正议： 申命克勾，未年制虎，日辰发用俱旺，御贼有功，官职屡升。惜自任课，三刑递克，朱雀发传，恐自任太过，不免众人生忌，致起争端。须和衷事上、虚衷纳下，庶可解救。喜支上月建带合，有权本省，上司可恃，不致大咎耳。朱在初传见之，甚速，非四月则七月也。

问： 此与张仲达先生课同而断异何也？曰：彼课辰命冲克玄武，初勾递刑游鲁都，此课初朱巳刑申命，申又冲破青龙长生，故不同也。

案验： 七月在江右，乡勇生讼，得本省张中丞调处，乃解，丑月芦州殉难。

参议： 问：龙加生气吉迟迟，保以终凶？曰：被中传子孙死气冲克青龙，故凶。然谥忠烈，建专祠，永垂不朽，死之日即生之年也，岂非迟迟永吉乎？

课例一百二十二

喜惧空亡　罡塞鬼户　初遭夹克

○咸丰甲寅年亥朋庚寅日丑时占失火。

```
                              贵后阴元
        父辰合　蛇合白元　　　未申酉戌
        官午蛇　午辰子戌　蛇午　　亥常
        兄申后　辰寅戌庚　朱巳　　子白
                              辰卯寅丑
                              合勾青空
```

正议：空亡为天中煞，课见天中，未便言其不吉，须看神将何如。吉空则凶，凶空则吉。如此课，中传空为断桥，凡事半途辄阻，原非吉象。然火灾则喜蛇鬼逢空，兼以虎乘子水，冲午凑合水局，其火即止，不致延烧。

案验：所寓间壁爆店被回，因乡勇局近人多，登时扑灭，课传六合乘罡塞鬼户，子孙乘虎制鬼，故救之者众，而又属武夫也。

课例一百二十三

喜惧空亡　三传递生

○同治癸亥年酉月丁亥日午时，寓汉中高川，占父子一留一去何如。

```
                              勾青空白
        财酉阴　常阴勾空　　　卯辰巳午
        子未常　未酉卯巳　合寅　　未常
        兄巳空　酉亥巳丁　朱丑　　申元
                              子亥戌酉
                              蛇贵后阴
```

正议：干支解离，人与地违，必动之象。丑命上乘丁驿二马，己身亦不能留。太岁作贵德中命，二贵拱年，三传递生，有贵人推荐之兆。

问：中末逢空，应主半路回踪。课名回环，亦似不离此地。曰：未为关神、雨煞、风伯，不免风雨之阻，正喜旬空。且丑命上神见亥，冲去中末两传，而亥与干三合，虽迟滞，亦能到家。但太岁作马加命，又加来岁行年，不能安居，仍是奔走于外。幸得贵人助财耳。盖干神遥克支上酉，酉又传干上巳，亦应内外回环之义，不必定在此地也。

案验：时在高川，各东家已备来年关聘，拟送小儿回籍，已独留之，复占得汉中情形，遂回。余皆准。

附议：既曰解离，又有回环，既逢丁驿，中末又空，动静混淆，去留莫辨。凡课之难断者，此类是也。然循其序而拟之，则言各有当，两不相妨矣。

课例一百二十四

六爻现卦　水日逢丁　合中犯煞
○咸丰甲寅年巳月癸卯日辰时，杨姓占家宅。

```
                    勾青空白
父酉勾    空朱勾贵    酉戌亥子
鬼丑常    亥未酉巳    合申    丑常
财巳贵    未卯巳癸    朱未    寅元
                    午巳辰卯
                    蛇贵后阴
```

正议：合中犯煞，朱勾入课，水日逢丁，主因少妇有孕而走，致有官非。三传从革，四课现木，所谓六爻现卦防其克是也。此课木虽不现，而支神属木乃日之子爻，酉乘死气克之，又四下克上，为无禄，主子不寿。

案验：官非已见于前，酉月次子不寿。

课例一百二十五

空亡类推　墓神覆日
○同治乙丑年戌月庚午日戌时，邹生占船户钱信。

```
                    合勾青空
父辰元    元勾后空    戌亥子丑
兄酉朱    辰亥午丑    朱酉    寅白
财寅白    亥午丑庚    蛇申    卯常
                    未午巳辰
                    贵后阴元
```

正议：亥为旬空，加支脱日，末传财遭夹克，此钱已耗散。天空乘墓加干，船夫必是昏迷虚花之人。干阴午鬼助墓，被街邻引诱赌博，以至亏空。斩关发用，恐其远行，宜速追之，可以归还。朱雀逢酉，定有口舌，然辰与酉合，比用主和，不致到官。

案验：次日追查，如所占，地痞惧控，与船夫各赔其半，以归七串之原。盖寅为七数故也。

课例一百二十六

所筮不入鬼临三四

○同治乙丑年申月庚午日巳时，胡姓占行人。

					勾青空白	
					巳午未申	
禄申白	青青白白		巳午未申			
财寅蛇	午午申申		合辰		酉常	
官巳勾	午午申庚		朱卯		戌元	
					寅丑子亥	
					蛇贵后阴	

正议：朱雀临门，快有信到。即不入课，亦当凭类而断。驿马乘虎建旺，其来甚速。但中传克日，中传财破，末传勾鬼，中路定有官非耗散之事，以致阻延，人事清吉。但有孕毕巳七月，防不足月而产。

案验：同伴者已到八日，以为后船无人矣。次日信到，在关勾留见官，耗银百余两。孕果七月，却未生，已应破财故也。

课例一百二十七

非占现类勿言之

○同治乙丑年申月乙卯日卯时，占失书。

					贵后阴元	
					申酉戌亥	
鬼酉后	后朱阴蛇		申酉戌亥			
父子常旬	酉午戌未		蛇未		子常	
禄卯青空	午卯未乙		朱午		丑白	
					巳辰卯寅	
					合勾青空	

正议：朱雀乘太阳坐卯支生地，此书现在家东方箱内，并无损坏。但夜将卯时太阳无光。明晨自见，此以类神为主一切。蛇墓龙战中空，天后作鬼，俱不必论。若易经专主爻断者是也。

案验：果如所断。

奇门便笔

○咸丰辛酉年甲午月己酉日庚午时，时首甲子芒种上九局，馆于兴安府，占生徒乡试。丙寅命，流到兑宫，暗制庚金天乙飞宫格。

直符英七直使景三玉女守门生与月合西北飞宫格时干坎三吉飞符

巳 任 丁 冲		癸 辅
巽	**离**	**坤**
癸 死	甲 惊	丙壬 开
乙 蓬		甲丙 英
震		**兑**
丁 景		寅庚 休
辛 心	庚 柱	壬 丙
艮	**坎**	**乾**
己 杜	乙 伤	辛 生

乙奇加震为升殿，下生丁奇文星，景门为文书，加震受生。丁奇又加离宫，直符甲生之，正当时旺，门内可望三人。乙丁甲命干日干与震所属者吉生，与月合西北门外亦有一人。但天乙与太白格，主考防有寇盗之阻。幸本宫有丁奇，流宫有暗而制之，得以解救，不致阻考。

主门是景，流宫到震，为流宫生主门，景门属火，主增文章。日干官禄在坤，开门到坤，土生开门，吉。丁奇加、直符，本宫离火当建旺得地，得时，坐正东正南者中。

案验：先谣贼到，究未入境。是科受业中式者二，拔贡者三。附课中式者一，拔贡一。获隽之数，溢于所算之外。以门、奇、文星俱旺，得未曾有也。夫发越之多。固所欣幸，惜乎次年兴安城陷，生童中有敦品力行者几人竟罹于难中，心耿耿，何日忘之？

○咸丰乙卯年申月白露上九局，壬午日己酉时，时首甲辰，张仲远先生占官，戊辰命癸日干。符禽八，值死九，符冲，天地返吟，门宫制迫。

辛　　景	乙　　死	巳　　惊
巽	**离**	**坤**
癸　　心	戊　　蓬	丙　壬　任
庚　　杜		丁　　开
震		**兑**
丁　　杜		庚　　冲
任　丙　伤	戊　　生	癸　　休
艮	**坎**	**乾**
己　　禽	乙　　英	辛　　辅

占官以开门为主，飞在兑宫，得地得时，又得丁奇制庚，八月必有西方差事。因以升迁。但直使遇死门，在离，离九数，不过九年寿终。

案验：果八月得荆州差事，旋署道职，越九年到浙查关故。

〇咸丰乙卯年辛巳月壬子日癸卯时时首甲午，谷城陈兆昌占兄病。

符九二，使景九，门伏。

丁　　杜	丙　　景	辛　　死
巽	**离**	**坤**
丙　　冲	辛　　辅	癸　乙　英
庚　　伤		癸　　惊
震		**兑**
丁　　任		乙　　禽
壬　　生	戊　　休	戊　　开
艮	**坎**	**乾**
庚　　蓬	壬　　心	己　　柱

直符时干飞入死门，本命日干在巽，虽旺而空，不治

案验：五月初三故。

〇咸丰辛酉年甲午月癸丑日壬戌时，时首甲寅，占北方寺沟口可避兵否。阳九局，天差门差。杜五辅五避五。时干乾相佐，休与日合三正东，乙下有丁，奇格地网。

222

戊　任 **巽** 寅　生	丁　冲 **离** 子　伤	癸　辅 **坤**　丙壬 杜
乙　蓬 **震** 丁　休		子　英 **兑** 庚　景
辛　心 **艮** 己　开	申　柱 **坎** 乙　惊	丙壬　芮 **乾** 辛　死

辅杜飞入死墓死门，又加时干，六庚加子，此方必有贼到，不可投。

案验：次年贼果到。

〇同治壬戌年午月小满下八局，癸巳庚申时，时首甲寅，占贼人入兴安否。

符辅一，使杜一，开与月合于正南，飞伏宫格，天乙与太白格。

惊　乙 **巽** 柱　癸	开　丙 **离** 心　巳	休　庚 **坤**　辛 蓬　丁
死辛　丁 **震** 芮　壬	禽	生 **兑**　子 壬　乙
景　巳 **艮** 英　戊	杜　寅 **坎** 辅　申	伤　辰 **乾** 冲　丙

天禽为城，六庚天蓬俱飞入其中，天禽飞入震宫，受制。直符又加六庚，符使俱落空方，人宅一洗而空，杜门主闭藏，乃贼围城闭之象，而寅申相冲，又破城之兆。

案验：余自楚避至兴安，于兹八年矣，四月间闻警，城中一空。余亦携眷走岚河，旋贼未至而去，人皆归城。余自是不复入，至十月贼来，十二月十九夜城陷，文武官多殉难，人民被掳，房屋尽毁。余虽一家兔脱，而回首居停，伤心惨目，自悔言之不详，挽之不力，而又叹天之厄人有定数也，哀哉！

〇同治癸亥年酉月秋分上元己卯日乙丑时，时首甲子，寓汉中西乡县占湖北省。

五不遇时，直符柱一，使惊门六，生与乙合三。

丙	伤	辰	杜	景	辛
巽		**离**		**坤**	
辛	任	丁	冲	辅 庚	癸
乙	生			死	子
震				**兑**	
壬	蓬			英	戌
已	休	子	开	申	惊
艮		**坎**		**乾**	
丙	心	乙	柱	乙	芮

六庚飞入乾宫，为内四卦，楚省不能无贼。西北随州、德安、靳黄一带正在乾方，必遭贼害。六庚飞门当旺，幸乾为旬空，不能据城，六庚本家又有景门制之，汉口以东无妨。

案验：果如所断

观梅测字叙

谓圣人言理不言数，似也。理可赅数，故至诚如神，虽百世可知也。然成变化、行鬼神，皆系于天地之数。圣人非不言也，特恐人诿于数而忘其在我，故罕言之耳。谓占者既言数不当言理，则非也。数生于象，象生于气，气生于理，天下岂有理外之数乎？夫孔颜之厄、盗跖之寿数也，非理也。然合大数而论道长道消，亦自有理存乎其间。圣人所以不怨不尤，后天而奉天时也。且君子素位而行，亦非数无以定其分也。不但品级之崇卑、车服之多寡、数之所纪、分之所限毫厘不敢僭差，即乡党以齿为序，齿固数也，而序之者百理乎？一索再索三索，后先之间，尧桀之行，于此分焉矣。而顾谓理数可相离乎？尝考之邵子云："夜间叩门借斧，非借锄也；冬占得震，何有雷？但言震撼耳。若占食，龙可食乎？须以鲤代之。"凡此皆数定于理也。理即吾心之所凭，而可专言数乎？德生平涉猎不精，空耗心血，学六壬四十年，学奇门十余年，而皆未得其妙，故凡学于我者，皆力止之。惟观梅测字犹近儒者事，且易为力，因录其所经验者，以为式，而六壬所刻，又为已入其门者商之。夫易为君子谋，奇门尤不可轻试多，学者尚其惧诸。谨序。（尘按，奇门书不可轻于多演，河洛地理诅可轻易与人而多葬乎？次功先生，楚之名孝廉，地理宗河洛。）

观梅易数

初到郧阳，遇邻友，云回水沟可避难。次年过其宅，方坐，犬吐于前，及卧，又踞床。手起一数，得水天需九三爻，"需于泥，致寇至。"时辛酉年八月也，因悟戌属犬，明年此地定有兵灾，何可居？果次年郧西城陷，乡遭蹂躏，此以卦辞与兆合断，而数之用生体，不必拘也。

宅旁近港，有牧牛湾，好事者为之开垦，同宗异姓皆起争端，几酿大祸。因起数，得天火同人五爻，同人先号咷而后笑，大师克相遇。其数体克用，互姤变离，相生相比，知其无事。遂书千余言，垂涕以道，得亲邻排解，方息。师者，众也，此大众相克之力也。

在咸邑六都、看鲫鱼堂寨基，宿章兰室书房，见楹联上二字，占之得离九四爻，突如其来如，焚如，死如，弃如。时楚省告净，勇忽变贼，突入咸邑，城内大受其苦，时在朱河，闻贼入咸邑，拟着人移眷，得讼二爻，"不克讼，归而逋其邑人三百户，无咎。"案此贼必逃窜本乡，无事，可不移也。

测字偶钞

若字　占信

万字头，有字腰，信字尾，主万家有信来也。上有童蒙求我之意，下有吹嘘荐举之象，必有万、彭、周、胡之姓相迎教读，大小皆从，但未免苦耳。十四日当有人到。

问：姓何以知？曰：以草头口旁断之。何言大小头象童蒙？中象大字，先是我教其大次子，训蒙后因赴试两馆并任，苦莫甚焉。以若字大象苦字也。口旁一撇有长舌之形，故多口角。此事后始觉者。中象象十字口，添四字应在十四日也。

问：草头不言黄而言万何也？曰：万与我有亲，故触及之，黄亦在荐中，但未来信耳。

元字　雷生考府月课请占

此次非第一乃二名也，二字头，九字脚，二九一串八百文，系第二膏火之数，故以此决之。案发果然。

育字 占眉动

明日必有秀才及门受业，其人面黑、身肥而长，家不寒而姿且敏。

次日吴生相距八百余里，不期而合。

问：字义何解？曰：上有顶戴之形，下有脩脯之义，字长而肥，且黑，又取发育之意，故云。

问字 时有警信，诸生请占科场阻否。

此时门内有吟咏之声，临期人口可入龙门，何致阻考？且只户为门口，加一登字为申，及门者必中二人。口能报信，字两口，又有喜服入门之兆。

是秋贼未到省，果中张生余生二名。

千字 张生占母病

头有披麻之象，孝服已成，不出十日，可速归，以赴永诀之期。果然。

友字 占胡友来否

有字头，又字尾，固有人来，却又是一人，非前所期者，已不能去，以脚有一横撇勾住，故也。下截辰字，辰日必验。

果辰日毕姓来，原约胡姓未来，已有事绊，亦不得去。

独字 占万表弟几时到

左犬为戌，右加火为烛，戌时必剪烛来矣。果然。

王字 占行人

二十一日到，准。

容字 占荐石生馆

石在穴里，藏而未见，此时不得，出来上有六字形，又为窗（穴下一口一心）字头，下有会字形，又为言字脚，六月必来西窗一会，共话晨夕，此馆合口不谈可也。

果未就，六月始来。

临字 占眉动

主有仕宦家人三口来临。字不正，澡字无水，难以革故鼎亲；惟先来一口尚可以告；后来两口习染嚣陵，积重难返。然卢扁之门，不拒病夫，治之不智，何咎人也？

周易书斋精品书目

书　名	作　者	定　价	版别
影印涵芬楼本正统道藏 [典藏宣纸版；全512函1120册]	[明]张宇初编	480000.00	九州
影印涵芬楼本正统道藏 [再造善本；全512函1120册]	[明]张宇初编	280000.00	九州
重刊术藏[全6箱，精装100册]	谢路军主编	58000.00	九州
续修术藏[全6箱，精装100册]	谢路军主编	58000.00	九州
道藏[全6箱，精装60册]	谢路军主编	48000.00	九州
焦循文集[全精装18册]	[清]焦循撰	9800.00	九州
邵子全书[全精装15册]	[宋]邵雍撰	9600.00	九州
子部珍本备要（以下为分函购买价格）		178000.00	九州
峋嵝神书	宣纸线装1函1册	280.00	九州
地理唉蔗録	宣纸线装1函4册	880.00	九州
地理玄珠精选	宣纸线装1函4册	880.00	九州
地理琢玉斧峦头歌括	宣纸线装1函4册	880.00	九州
金氏地学粹编	宣纸线装3函8册	1840.00	九州
风水一书	宣纸线装1函4册	880.00	九州
风水二书	宣纸线装1函4册	880.00	九州
增注周易神应六亲百章海底眼	宣纸线装1函1册	280.00	九州
卜易指南	宣纸线装1函1册	280.00	九州
大六壬占验	宣纸线装1函1册	280.00	九州
真本六壬神课金口诀	宣纸线装1函3册	680.00	九州
太乙指津	宣纸线装1函2册	480.00	九州
太乙金钥匙 太乙金钥匙续集	宣纸线装1函1册	280.00	九州
奇门遁甲占验天时	宣纸线装1函2册	480.00	九州
南阳掌珍遁甲	宣纸线装1函1册	280.00	九州
达摩易筋经 易筋经外经图说 八段锦	宣纸线装1函1册	280.00	九州
钦天监彩绘真本推背图	宣纸线装1函2册	680.00	九州
玉函通秘	宣纸线装1函3册	680.00	九州
灵棋经	宣纸线装1函1册	280.00	九州
道藏灵符秘法	宣纸线装4函9册	2100.00	九州
地理青囊玉尺度金针集	宣纸线装1函6册	1280.00	九州
奇门秘传九宫纂要	宣纸线装1函1册	280.00	九州
影印清抄耕寸集－真本子平真诠	宣纸线装1函2册	480.00	九州
新刊合并官板音义评注渊海子平	宣纸线装1函2册	480.00	九州
影抄宋本五行精纪	宣纸线装1函6册	1280.00	九州

书　名	作　者	定　价	版别
影印明刻阴阳五要奇书1–郭氏阴阳元经	宣纸线装1函2册	480.00	九州
影印明刻阴阳五要奇书2–克择璇玑括要	宣纸线装1函1册	280.00	九州
影印明刻阴阳五要奇书3–阳明按索图	宣纸线装1函2册	480.00	九州
影印明刻阴阳五要奇书4–佐玄直指	宣纸线装1函2册	480.00	九州
影印明刻阴阳五要奇书5–三白宝海钩玄	宣纸线装1函1册	280.00	九州
相命图诀许负相法十六篇合刊	宣纸线装1函1册	280.00	九州
玉掌神相神相铁关刀合刊	宣纸线装1函1册	280.00	九州
古本太乙淘金歌	宣纸线装1函1册	280.00	九州
重刊地理葬埋黑通书	宣纸线装1函2册	480.00	九州
壬归	宣纸线装1函2册	480.00	九州
大六壬苗公鬼撮脚二种合刊	宣纸线装1函1册	280.00	九州
大六壬鬼撮脚射覆	宣纸线装1函2册	480.00	九州
大六壬金柜经	宣纸线装1函1册	280.00	九州
纪氏奇门秘书仕学备余	宣纸线装1函1册	280.00	九州
八门九星阴阳二遁全本奇门断	宣纸线装2函18册	3680.00	九州
李卫公奇门心法	宣纸线装1函1册	280.00	九州
武侯行兵遁甲金函玉镜海底眼	宣纸线装1函1册	280.00	九州
诸葛武侯奇门千金诀	宣纸线装1函1册	280.00	九州
隔夜神算	宣纸线装1函1册	280.00	九州
地理五种秘籍合刊	宣纸线装1函1册	280.00	九州
地理雪心赋句解	宣纸线装1函2册	480.00	九州
九天玄女青囊经	宣纸线装1函1册	280.00	九州
考定撼龙经	宣纸线装1函1册	280.00	九州
刘江东家藏善本葬书	宣纸线装1函1册	280.00	九州
杨公六段玄机赋杨筠松安门楼玉辇经合刊	宣纸线装1函1册	280.00	九州
风水金鉴	宣纸线装1函1册	280.00	九州
新镌碎玉剖秘地理不求人	宣纸线装1函2册	480.00	九州
阳宅八门金光斗临经	宣纸线装1函1册	280.00	九州
新镌徐氏家藏罗经顶门针	宣纸线装1函2册	480.00	九州
影印乾隆丙午刻本地理五诀	宣纸线装1函4册	880.00	九州
地理诀要雪心赋	宣纸线装1函2册	480.00	九州
蒋氏平阶家藏善本插泥剑	宣纸线装1函1册	280.00	九州
蒋大鸿家传地理归厚录	宣纸线装1函1册	280.00	九州
蒋大鸿家传三元地理秘书	宣纸线装1函1册	280.00	九州
蒋大鸿家传天星选择秘旨	宣纸线装1函1册	280.00	九州
撼龙经批注校补	宣纸线装1函4册	880.00	九州

书　　名	作　者	定　价	版别
疑龙经批注校补 - 全	宣纸线装1函1册	280.00	九州
种筠书屋较订山法诸书	宣纸线装1函2册	480.00	九州
堪舆倒杖诀 拨砂经遗篇 合刊	宣纸线装1函1册	280.00	九州
认龙天宝经	宣纸线装1函1册	280.00	九州
天机望龙经 刘氏心法 杨公骑龙穴诗 合刊	宣纸线装1函1册	280.00	九州
风水一夜仙秘传三种合刊	宣纸线装1函1册	280.00	九州
新镌地理八窍	宣纸线装1函2册	480.00	九州
地理解醒	宣纸线装1函1册	280.00	九州
峦头指迷	宣纸线装1函3册	680.00	九州
茅山上清灵符	宣纸线装1函2册	480.00	九州
茅山上清镇禳摄制秘法	宣纸线装1函1册	280.00	九州
天医祝由科秘抄	宣纸线装1函2册	480.00	九州
千镇百镇桃花镇	宣纸线装1函2册	480.00	九州
轩辕碑记医学祝由十三科轩辕科治病奇书合刊	宣纸线装1函1册	280.00	九州
清抄真本祝由科秘诀全书	宣纸线装1函3册	680.00	九州
增补秘传万法归宗	宣纸线装1函2册	480.00	九州
祝由科诸符秘卷祝由科诸符秘旨合刊	宣纸线装1函1册	280.00	九州
辰州符咒大全	宣纸线装1函4册	880.00	九州
万历初刻三命通会	宣纸线装2函12册	2480.00	九州
新编三车一览子平渊源注解	宣纸线装1函3册	680.00	九州
命理用神精华	宣纸线装1函3册	680.00	九州
命学探骊集	宣纸线装1函1册	280.00	九州
相诀摘要	宣纸线装1函2册	480.00	九州
相法秘传	宣纸线装1函1册	280.00	九州
新编相法五总龟	宣纸线装1函1册	280.00	九州
相学统宗心易秘传	宣纸线装1函2册	480.00	九州
秘本大清相法	宣纸线装1函2册	480.00	九州
相法易知	宣纸线装1函1册	280.00	九州
星命风水秘传	宣纸线装1函1册	280.00	九州
大六壬隔山照	宣纸线装1函2册	480.00	九州
大六壬考正	宣纸线装1函1册	280.00	九州
大六壬类阐	宣纸线装1函2册	480.00	九州
六壬心镜集注	宣纸线装1函1册	280.00	九州
遁甲吾学编	宣纸线装1函2册	480.00	九州
刘明江家藏善本奇门衍象	宣纸线装1函1册	280.00	九州
遁甲天书秘文	宣纸线装1函2册	480.00	九州

书 名	作 者	定 价	版别
金枢符应秘文	宣纸线装1函2册	480.00	九州
秘传金函奇门隐遁丁甲法书	宣纸线装1函2册	480.00	九州
六壬行军指南	宣纸线装2函10册	2080.00	九州
家藏阴阳二宅秘诀线法	宣纸线装1函2册	480.00	九州
阳宅一书阴宅一书合刊	宣纸线装1函1册	280.00	九州
地理法门全书	宣纸线装1函1册	280.00	九州
四真全书玉钥匙	宣纸线装1函1册	280.00	九州
重刊官板玉髓真经	宣纸线装1函4册	880.00	九州
明刊阳宅真诀	宣纸线装1函2册	480.00	九州
阳宅指南	宣纸线装1函1册	280.00	九州
阳宅秘传三书	宣纸线装1函1册	280.00	九州
阳宅都天滚盘珠	宣纸线装1函1册	280.00	九州
纪氏地理水法要诀	宣纸线装1函1册	280.00	九州
李默斋先生地理辟径集	宣纸线装1函2册	480.00	九州
李默斋先生辟径集续篇 地理秘缺	宣纸线装1函2册	480.00	九州
地理辨正自解	宣纸线装1函1册	280.00	九州
形家五要全编	宣纸线装1函4册	880.00	九州
地理辨正抉要	宣纸线装1函1册	280.00	九州
地理辨正揭隐	宣纸线装1函1册	280.00	九州
地学铁骨秘	宣纸线装1函1册	280.00	九州
地理辨正发秘初稿	宣纸线装1函1册	280.00	九州
三元宅墓图	宣纸线装1函1册	280.00	九州
参赞玄机地理仙婆集	宣纸线装2函8册	1680.00	九州
幕讲禅师玄空秘旨浅注外七种	宣纸线装1函1册	280.00	九州
玄空挨星图诀	宣纸线装1函1册	280.00	九州
影印稿本玄空地理筌蹄	宣纸线装1函1册	280.00	九州
玄空古义四种通释	宣纸线装1函2册	480.00	九州
地理疑义答问	宣纸线装1函1册	280.00	九州
王元极地理辨正冒禁录	宣纸线装1函1册	280.00	九州
王元极校补天元选择辨正	宣纸线装1函3册	680.00	九州
王元极选择辨真全书	宣纸线装1函1册	280.00	九州
王元极增批地理冰海 原本地理冰海 合刊	宣纸线装1函1册	280.00	九州
王元极三元阳宅萃篇	宣纸线装1函2册	480.00	九州
尹一勺先生地理精语	宣纸线装1函1册	280.00	九州
古本地理元真	宣纸线装1函2册	480.00	九州
杨公秘本搜地灵	宣纸线装1函1册	280.00	九州

书　名	作　者	定　价	版别
秘藏千里眼	宣纸线装1函1册	280.00	九州
道光刊本地理或问	宣纸线装1函1册	280.00	九州
影印稿本地理秘诀	宣纸线装1函2册	480.00	九州
地理秘诀隔山照 地理括要 合刊	宣纸线装1函1册	280.00	九州
地理前后五十段	宣纸线装1函2册	480.00	九州
心耕书屋藏本地经图说	宣纸线装1函1册	280.00	九州
地理古本道法双谭	宣纸线装1函1册	280.00	九州
奇门遁甲元灵经	宣纸线装1函1册	280.00	九州
黄帝遁甲归藏大意 白猿真经 合刊	宣纸线装1函1册	280.00	九州
遁甲符应经	宣纸线装1函2册	480.00	九州
遁甲通明钤	宣纸线装1函1册	280.00	九州
景佑奇门秘纂	宣纸线装1函2册	480.00	九州
奇门先天要论	宣纸线装1函2册	480.00	九州
御定奇门古本	宣纸线装1函2册	480.00	九州
奇门吉凶格解	宣纸线装1函1册	280.00	九州
御定奇门宝鉴	宣纸线装1函3册	680.00	九州
奇门阐易	宣纸线装1函2册	480.00	九州
六壬总论	宣纸线装1函1册	280.00	九州
稿抄本大六壬翠羽歌	宣纸线装1函1册	280.00	九州
都天六壬神课	宣纸线装1函1册	280.00	九州
大六壬易简	宣纸线装1函2册	480.00	九州
太上六壬明鉴符阴经	宣纸线装1函1册	280.00	九州
增补关煞袖里金百中经	宣纸线装1函1册	280.00	九州
演禽三世相法	宣纸线装1函2册	480.00	九州
合婚便览 和合婚姻咒 合刊	宣纸线装1函1册	280.00	九州
神数十种	宣纸线装1函1册	280.00	九州
神机灵数一掌经 金钱课 合刊	宣纸线装1函1册	280.00	九州
本书制作中,其余品种将于2019年面世			
阳宅三要[宣纸线装一函三册]	[清]赵九峰撰	298.00	华龄
绘图全本鲁班经匠家镜[宣纸线装一函四册]	[周]鲁班著	680.00	华龄
青囊海角经[宣纸线装一函四册]	[晋]郭璞著	680.00	华龄
地理点穴撼龙经[宣纸线装一函三册]	[清]寇宗注	680.00	华龄
秘藏疑龙经大全[宣纸线装一函一册]	[清]寇宗注	280.00	华龄
杨公秘本山法备收[宣纸线装一函一册]	[清]寇宗注	280.00	华龄
校正全本地学答问[宣纸线装一函三册]	[清]魏清江撰	680.00	华龄
赖仙原本催官经[宣纸线装一函一册]	[宋]赖布衣撰	280.00	华龄

书　　名	作　者	定　价	版别
赖仙催官篇注[宣纸线装一函一册]	[宋]赖布衣撰	280.00	华龄
尹注赖仙催官篇[宣纸线装一函一册]	[宋]赖布衣撰	280.00	华龄
赖仙心印[宣纸线装一函一册]	[宋]赖布衣撰	280.00	华龄
新刻赖太素天星催官解[宣纸线装一函二册]	[宋]赖布衣撰	480.00	华龄
天机秘传青囊内传[宣纸线装一函一册]	[清]焦循撰	280.00	华龄
阳宅斗首连篇秘授[宣纸线装一函一册]	[明]卢清廉撰	280.00	华龄
精纂编集阳宅真传秘诀[宣纸线装一函二册]	[明]李邦祥撰	480.00	华龄
秘传全本六壬玉连环[宣纸线装一函二册]	[宋]徐次宾撰	480.00	华龄
秘传仙授奇门[宣纸线装一函二册]	[清]湖海居士辑	480.00	华龄
祝由科诸符秘卷祝由科诸符秘旨合刊[宣纸线装一函二册]	[清]郭相经辑	480.00	华龄
校正古本入地眼图说[宣纸线装一函二册]	[宋]辜托长老撰	480.00	华龄
校正全本钻地眼图说[宣纸线装一函二册]	[宋]辜托长老撰	480.00	华龄
赖公七十二葬法[宣纸线装一函二册]	[宋]赖布衣撰	480.00	华龄
新刻杨筠松秘传开门放水阴阳捷径[宣纸线装一函二册]	[唐]杨筠松撰	480.00	华龄
校正古本地理五诀[宣纸线装一函二册]	[清]赵九峰撰	480.00	华龄
重校古本地理雪心赋[宣纸线装一函二册]	[唐]卜应天撰	480.00	华龄
宋国师吴景鸾先天后天理气心印补注[宣纸线装一函一册]	[宋]吴景鸾撰	280.00	华龄
新刊宋国师吴景鸾秘传夹竹梅花院纂[宣纸线装一函二册]	[宋]吴景鸾撰	480.00	华龄
连山[宣纸线装一函一册]	[清]马国翰辑	280.00	华龄
归藏[宣纸线装一函一册]	[清]马国翰辑	280.00	华龄
周易虞氏义笺订[宣纸线装一函六册]	[清]李翊灼订	1180.00	华龄
周易参同契通真义[宣纸线装一函二册]	[后蜀]彭晓撰	480.00	华龄
御制周易[宣纸线装一函三册]	武英殿影宋本	680.00	华龄
宋刻周易本义[宣纸线装一函四册]	[宋]朱熹撰	980.00	华龄
易学启蒙[宣纸线装一函二册]	[宋]朱熹撰	480.00	华龄
易余[宣纸线装一函二册]	[明]方以智撰	480.00	九州
明抄真本梅花易数[宣纸线装一函三册]	[宋]邵雍撰	480.00	九州
古本皇极经世书[宣纸线装一函三册]	[宋]邵雍撰	980.00	九州
奇门鸣法[宣纸线装一函二册]	[清]龙伏山人撰	680.00	华龄
奇门衍象[宣纸线装一函二册]	[清]龙伏山人撰	480.00	华龄
奇门枢要[宣纸线装一函二册]	[清]龙伏山人撰	480.00	华龄
奇门仙机[宣纸线装一函三册]	王力军校订	298.00	华龄
奇门心法秘纂[宣纸线装一函三册]	王力军校订	298.00	华龄
御定奇门秘诀[宣纸线装一函三册]	[清]湖海居士辑	680.00	华龄

书　　　名	作　　者	定　价	版别
龙伏山人存世文稿[宣纸线装五函十册]	[清]矫子阳撰	2800.00	九州
奇门遁甲鸣法[宣纸线装一函二册]	[清]矫子阳撰	680.00	九州
奇门遁甲衍象[宣纸线装一函二册]	[清]矫子阳撰	480.00	九州
奇门遁甲枢要[宣纸线装一函二册]	[清]矫子阳撰	480.00	九州
遁甲括囊集[宣纸线装一函三册]	[清]矫子阳撰	980.00	九州
增注蒋公古镜歌[宣纸线装一函一册]	[清]矫子阳撰	180.00	九州
宫藏奇门大全[线装五函二十五册]	[清]湖海居士辑	6800.00	***
遁甲奇门秘传要旨大全[线装二函十册]	[清]范阳耐寒子辑	6200.00	***
增广神相全编[线装一函四册]	[明]袁珙订正	980.00	***
遁甲奇门捷要[宣纸线装一函一册]	[清]杨景南编	380.00	***
奇门遁甲备览[宣纸线装一函二册]	清顺治抄本	760.00	***
六壬类聚[宣纸线装一函四册]	[清]纪大奎撰	1520.00	***
订正六壬金口诀[宣纸线装一函六册]	[清]巫国匡辑	1280.00	华龄
六壬神课金口诀[宣纸线装一函三册]	[明]适适子撰	298.00	华龄
改良三命通会[宣纸线装一函四册,第二版]	[明]万民英撰	980.00	华龄
增补选择通书玉匣记[宣纸线装一函二册]	[晋]许逊撰	480.00	华龄
增补四库青乌辑要[宣纸线装全18函59册]	郑同校	11680.00	九州
第1种:宅经[宣纸线装1册]	[署]黄帝撰	180.00	九州
第2种:葬书[宣纸线装1册]	[晋]郭璞撰	220.00	九州
第3种:**青囊序青囊奥语天玉经**[宣纸线装1册]	[唐]杨筠松撰	220.00	九州
第4种:黄囊经[宣纸线装1册]	[唐]杨筠松撰	220.00	九州
第5种:黑囊经[宣纸线装2册]	[唐]杨筠松撰	380.00	九州
第6种:锦囊经[宣纸线装1册]	[晋]郭璞撰	200.00	九州
第7种:天机贯旨红囊经[宣纸线装2册]	[清]李三素撰	380.00	九州
第8种:玉函天机素书/至宝经[宣纸线装1册]	[明]董德彰撰	200.00	九州
第9种:天机一贯[宣纸线装2册]	[清]李三素撰辑	380.00	九州
第10种:撼龙经[宣纸线装1册]	[唐]杨筠松撰	200.00	九州
第11种:疑龙经葬法倒杖[宣纸线装1册]	[唐]杨筠松撰	220.00	九州
第12种:疑龙经辨正[宣纸线装1册]	[唐]杨筠松撰	200.00	九州
第13种:寻龙记太华经[宣纸线装1册]	[唐]曾文辿撰	220.00	九州
第14种:宅谱要典[宣纸线装2册]	[清]铣溪野人校	380.00	九州
第15种:阳宅必用[宣纸线装2册]	心灯大师校订	380.00	九州
第16种:阳宅撮要[宣纸线装2册]	[清]吴鼒撰	380.00	九州
第17种:阳宅正宗[宣纸线装1册]	[清]姚承舆撰	200.00	九州
第18种:阳宅指掌[宣纸线装2册]	[清]黄海山人撰	380.00	九州

书　名	作　者	定　价	版别
第 19 种:相宅新编[宣纸线装 1 册]	[清]焦循校刊	240.00	九州
第 20 种:阳宅井明[宣纸线装 2 册]	[清]邓颖出撰	380.00	九州
第 21 种:阴宅井明[宣纸线装 1 册]	[清]邓颖出撰	220.00	九州
第 22 种:灵城精义[宣纸线装 2 册]	[南唐]何溥撰	380.00	九州
第 23 种:龙穴砂水说[宣纸线装 1 册]	清抄秘本	180.00	九州
第 24 种:三元水法秘诀[宣纸线装 2 册]	清抄秘本	380.00	九州
第 25 种:罗经秘传[宣纸线装 2 册]	[清]傅禹辑	380.00	九州
第 26 种:穿山透地真传[宣纸线装 2 册]	[清]张九仪撰	380.00	九州
第 27 种:催官篇发微论[宣纸线装 2 册]	[宋]赖文俊撰	380.00	九州
第 28 种:入地眼神断要诀[宣纸线装 2 册]	清抄秘本	380.00	九州
第 29 种:玄空大卦秘断[宣纸线装 1 册]	清抄秘本	200.00	九州
第 30 种:玄空大五行真传口诀[宣纸线装 1 册]	[明]蒋大鸿等撰	220.00	九州
第 31 种:杨曾九宫颠倒打劫图说[宣纸线装 1 册]	[唐]杨筠松撰	200.00	九州
第 32 种:乌兔经奇验经[宣纸线装 1 册]	[唐]杨筠松撰	180.00	九州
第 33 种:挨星考注[宣纸线装 1 册]	[清]汪董缘订定	260.00	九州
第 34 种:地理挨星说汇要[宣纸线装 1 册]	[明]蒋大鸿撰辑	220.00	九州
第 35 种:地理捷诀[宣纸线装 1 册]	[清]傅禹辑	200.00	九州
第 36 种:地理三仙秘旨[宣纸线装 1 册]	清抄秘本	200.00	九州
第 37 种:地理三字经[宣纸线装 3 册]	[清]程思乐撰	580.00	九州
第 38 种:地理雪心赋注解[宣纸线装 2 册]	[唐]卜则巍撰	380.00	九州
第 39 种:蒋公天元余义[宣纸线装 1 册]	[明]蒋大鸿等撰	220.00	九州
第 40 种:地理真传秘旨[宣纸线装 3 册]	[唐]杨筠松撰	580.00	九州
增补四库未收方术汇刊第一辑(全 28 函)	线装影印本	11800.00	九州
第一辑 01 函:火珠林·卜筮正宗	[宋]麻衣道者著	340.00	九州
第一辑 02 函:全本增删卜易·增删卜易真诠	[清]野鹤老人撰	720.00	九州
第一辑 03 函:渊海子平音义评注·子平真诠·命理易知	[明]杨淙增校	360.00	九州
第一辑 04 函:滴天髓:附滴天秘诀·穷通宝鉴:附月谈赋	[宋]京图撰	360.00	九州
第一辑 05 函:参星秘要诹吉便览·玉函斗首三台通书·精校三元总录	[清]俞荣宽撰	460.00	九州
第一辑 06 函:陈子性藏书	[清]陈应选撰	580.00	九州
第一辑 07 函:崇正辟谬永吉通书·选择求真	[清]李奉来辑	500.00	九州
第一辑 08 函:增补选择通书玉匣记·永宁通书	[晋]许逊撰	400.00	九州
第一辑 09 函:新增阳宅爱众篇	[清]张觉正撰	480.00	九州
第一辑 10 函:地理四弹子·地理铅弹子砂水要诀	[清]张九仪注	320.00	九州
第一辑 11 函:地理五诀	[清]赵九峰著	200.00	九州

书　名	作　者	定　价	版别
第一辑 12 函:地理直指原真	[清]释如玉撰	280.00	九州
第一辑 13 函:宫藏真本入地眼全书	[宋]释静道著	680.00	九州
第一辑 14 函:罗经顶门针·罗经解定·罗经透解	[明]徐之镆撰	360.00	九州
第一辑 15 函:校正详图青囊经·平砂玉尺经·地理辨正疏	[清]王宗臣著	300.00	九州
第一辑 16 函:一贯堪舆	[明]唐世友辑	240.00	九州
第一辑 17 函:阳宅大全·阳宅十书	[明]一壑居士集	600.00	九州
第一辑 18 函:阳宅大成五种	[清]魏青江撰	600.00	九州
第一辑 19 函:奇门五总龟·奇门遁甲统宗大全·奇门遁甲元灵经	[明]池纪撰	500.00	九州
第一辑 20 函:奇门遁甲秘笈全书	[明]刘伯温辑	280.00	九州
第一辑 21 函:奇门庐中阐秘	[汉]诸葛武侯撰	600.00	九州
第一辑 22 函:奇门遁甲元机·太乙秘书·六壬大占	[宋]岳珂纂辑	360.00	九州
第一辑 23 函:性命圭旨	[明]尹真人撰	480.00	九州
第一辑 24 函:紫微斗数全书	[宋]陈抟撰	200.00	九州
第一辑 25 函:千镇百镇桃花镇	[清]云石道人校	220.00	九州
第一辑 26 函:清抄真本祝由科秘诀全书·轩辕碑记医学祝由十三科	[上古]黄帝传	800.00	九州
第一辑 27 函:增补秘传万法归宗	[唐]李淳风撰	160.00	九州
第一辑 28 函:神机灵数一掌经金钱课·牙牌神数七种·珍本演禽三世相法	[清]诚文信校	440.00	九州
增补四库未收方术汇刊第二辑(全 36 函)	线装影印本	13800.00	九州
第二辑第 1 函:六爻断易一撮金·卜易秘诀海底眼	[宋]邵雍撰	200.00	九州
第二辑第 2 函:秘传子平渊源	燕山郑同校辑	280.00	九州
第二辑第 3 函:命理探原	[清]袁树珊撰	280.00	九州
第二辑第 4 函:命理正宗	[明]张楠撰集	180.00	九州
第二辑第 5 函:造化玄钥	庄圆校补	220.00	九州
第二辑第 6 函:命理寻源·子平管见	[清]徐乐吾撰	280.00	九州
第二辑第 7 函:京本风鉴相法	[明]回阳子校辑	380.00	九州
第二辑第 8 – 9 函:钦定协纪辨方书 8 册	[清]允禄编	780.00	九州
第二辑第 10 – 11 函:鳌头通书 10 册	[明]熊宗立撰辑	880.00	九州
第二辑第 12 – 13 函:象吉通书	[清]魏明远撰辑	1080.00	九州
第二辑第 14 函:选择宗镜·选择纪要	[朝鲜]南秉吉撰	360.00	九州
第二辑第 15 函:选择正宗	[清]顾宗秀撰辑	480.00	九州
第二辑第 16 函:仪度六壬选日要诀	[清]张九仪撰	680.00	九州
第二辑第 17 函:葬事择日法	郑同校辑	280.00	九州
第二辑第 18 函:地理不求人	[清]吴明初撰辑	240.00	九州

书　名	作　者	定　价	版别
第二辑第 19 函:地理大成一:山法全书	[清]叶九升撰	680.00	九州
第二辑第 20 函:地理大成二:平阳全书	[清]叶九升撰	360.00	九州
第二辑第 21 函:地理大成三:地理六经注·地理大成四:罗经指南拔雾集·地理大成五:理气四诀	[清]叶九升撰	300.00	九州
第二辑第 22 函:地理录要	[明]蒋大鸿撰	480.00	九州
第二辑第 23 函:地理人子须知	[明]徐善继撰	480.00	九州
第二辑第 24 函:地理四秘全书	[清]尹一勺撰	380.00	九州
第二辑第 25 - 26 函:地理天机会元	[明]顾陵冈辑	1080.00	九州
第二辑第 27 函:地理正宗	[清]蒋宗城校订	280.00	九州
第二辑第 28 函:全图鲁班经	[明]午荣编	280.00	九州
第二辑第 29 函:秘传水龙经	[明]蒋大鸿撰	480.00	九州
第二辑第 30 函:阳宅集成	[清]姚廷銮纂	480.00	九州
第二辑第 31 函:阴宅集要	[清]姚廷銮纂	240.00	九州
第二辑第 32 函:辰州符咒大全	[清]觉玄子辑	480.00	九州
第二辑第 33 函:三元镇宅灵符秘篆·太上洞玄祛病灵符全书	[明]张宇初编	240.00	九州
第二辑第 34 函:太上混元祈福解灾三部神符	[明]张宇初编	360.00	九州
第二辑第 35 函:测字秘牒·先天易数·冲天易数/马前课	[清]程省撰	360.00	九州
第二辑第 36 函:秘传紫微	古朝鲜抄本	240.00	九州
中国风水史	傅洪光撰	32.00	九州
古本催官篇集注	李佳明校注	48.00	九州
鲁班经讲义	傅洪光著	48.00	九州
新刊地理玄珠	精装古本影印	380.00	华龄
参赞玄机地理仙婆集	精装古本影印	380.00	华龄
章仲山地理九种(上下)	精装古本影印	760.00	华龄
八门九星阴阳二遁全本奇门断	精装古本影印	760.00	华龄
六壬统宗大全	精装古本影印	380.00	华龄
太乙统宗宝鉴	精装古本影印	380.00	华龄
重刊星海词林(全五册)	精装古本影印	1900.00	华龄
万历初刻三命通会(上下)	精装古本影印	760.00	华龄
风水择吉第一书:辨方	李明清著	168.00	华龄
增广沈氏玄空学	郑同点校	68.00	华龄
增补高岛易断(精装上下)	(清)王治本编译	198.00	华龄
地理点穴撼龙经	郑同点校	32.00	华龄
绘图地理人子须知(上下)	郑同点校	78.00	华龄

书　　名	作　者	定　价	版别
玉函通秘	郑同点校	48.00	华龄
绘图入地眼全书	郑同点校	28.00	华龄
绘图地理五诀	郑同点校	48.00	华龄
一本书弄懂风水	郑同著	48.00	华龄
风水罗盘全解	傅洪光著	58.00	华龄
堪舆精论	胡一鸣著	29.80	华龄
堪舆的秘密	宝通著	36.00	华龄
中国风水学初探	曾涌哲	58.00	华龄
全息太乙(修订版)	李德润著	68.00	华龄
时空太乙(修订版)	李德润著	68.00	华龄
故宫珍本六壬三书(上下)	张越点校	118.00	华龄
大六壬通解(全三册)	叶飘然著	168.00	华龄
壬占汇选(精抄历代六壬占验汇选)	肖岱宗点校	48.00	华龄
大六壬指南	郑同点校	28.00	华龄
六壬金口诀指玄	郑同点校	28.00	华龄
大六壬寻源编[全三册]	[清]周螭辑录	180.00	华龄
六壬辨疑　毕法案录	郑同点校	32.00	华龄
时空太乙(修订版)	李德润著	68.00	华龄
全息太乙(修订版)	李德润著	68.00	华龄
大六壬断案疏证	刘科乐著	58.00	华龄
六壬时空	刘科乐著	68.00	华龄
飞盘奇门:鸣法体系校释(精装上下)	刘金亮撰	198.00	九州
御定奇门宝鉴	郑同点校	58.00	华龄
御定奇门阳遁九局	郑同点校	78.00	华龄
御定奇门阴遁九局	郑同点校	78.00	华龄
奇门秘占合编:奇门庐中阐秘·四季开门	[汉]诸葛亮撰	68.00	华龄
奇门探索录	郑同编订	38.00	华龄
奇门遁甲秘笈大全	郑同点校	48.00	华龄
奇门旨归	郑同点校	48.00	华龄
奇门法窍	[清]锡孟樨撰	48.00	华龄
奇门精粹——奇门遁甲典籍大全	郑同点校	68.00	华龄
珞琭子三命消息赋古注通疏(精装上下)	明注　疏	188.00	华龄
御定子平	郑同点校	48.00	华龄
增补星平会海全书	郑同点校	68.00	华龄
五行精纪:命理通考五行渊微	郑同点校	38.00	华龄

书　名	作　者	定　价	版别
青囊汇刊1:青囊秘要	[晋]郭璞等撰	48.00	华龄
青囊汇刊2:青囊海角经	[晋]郭璞等撰	48.00	华龄
青囊汇刊3:阳宅十书	[明]王君荣撰	48.00	华龄
青囊汇刊4:秘传水龙经	[明]蒋大鸿撰	68.00	华龄
青囊汇刊5:管氏地理指蒙	[三国]管辂撰	48.00	华龄
子平汇刊1:渊海子平大全	[宋]徐子平撰	48.00	华龄
子平汇刊2:秘本子平真诠	[清]沈孝瞻撰	38.00	华龄
子平汇刊3:命理金鉴	[清]志于道撰	38.00	华龄
子平汇刊4:秘授滴天髓阐微	[清]任铁樵注	48.00	华龄
子平汇刊5:穷通宝鉴评注	[清]徐乐吾注	48.00	华龄
子平汇刊6:神峰通考命理正宗	[明]张楠撰	38.00	华龄
子平汇刊7:新校命理探原	[清]袁树珊撰	48.00	华龄
子平汇刊8:重校绘图袁氏命谱	[清]袁树珊撰	68.00	华龄
纳甲汇刊1:校正全本增删卜易	郑同点校	68.00	华龄
纳甲汇刊2:校正全本卜筮正宗	郑同点校	48.00	华龄
纳甲汇刊3:校正全本易隐	郑同点校	48.00	华龄
纳甲汇刊4:校正全本易冒	郑同点校	48.00	华龄
纳甲汇刊5:校正全本易林补遗	郑同点校	38.00	华龄
纳甲汇刊6:校正全本卜筮全书	郑同点校	68.00	华龄
古今图书集成术数丛刊:卜筮(全二册)	[清]陈梦雷辑	80.00	华龄
古今图书集成术数丛刊:堪舆(全二册)	[清]陈梦雷辑	120.00	华龄
古今图书集成术数丛刊:相术(全一册)	[清]陈梦雷辑	60.00	华龄
古今图书集成术数丛刊:选择(全一册)	[清]陈梦雷辑	50.00	华龄
古今图书集成术数丛刊:星命(全三册)	[清]陈梦雷辑	180.00	华龄
古今图书集成术数丛刊:术数(全三册)	[清]陈梦雷辑	200.00	华龄
四库全书术数初集(全四册)	郑同点校	200.00	华龄
四库全书术数二集(全三册)	郑同点校	150.00	华龄
四库全书术数三集:钦定协纪书(全二册)	郑同点校	98.00	华龄
增补鳌头通书大全(全三册)	[明]熊宗立撰辑	180.00	华龄
增补象吉备要通书大全(全三册)	[清]魏明远撰辑	180.00	华龄
绘图三元总录	郑同编校	48.00	华龄
绘图全本玉匣记	郑同编校	32.00	华龄
周易正解:小成图预测学讲义	霍斐然著	68.00	华龄
周易初步:易学基础知识36讲	张绍金著	32.00	华龄
周易与中医养生:医易心法	成铁智著	32.00	华龄

书　名	作　者	定　价	版别
增补校正邵康节先生梅花周易数全集	[宋]邵雍撰	58.00	华龄
梅花心易阐微	[清]杨体仁撰	48.00	华龄
梅花易数讲义	郑同著	58.00	华龄
白话梅花易数	郑同编著	30.00	华龄
梅花周易数全集	郑同点校	58.00	华龄
一本书读懂易经	郑同著	38.00	华龄
白话易经	郑同编著	38.00	华龄
周易象数学(精装)	冯昭仁著	98.00	华龄
知易术数学:开启术数之门	赵知易著	48.00	华龄
术数入门——奇门遁甲与京氏易学	王居恭著	48.00	华龄
壬奇要略(全5册:大六壬集应钤3册,大六壬口诀纂1册,御定奇门秘纂1册)	肖岱宗郑同点校	300.00	九州
白话高岛易断(上下)	[日]高岛嘉右卫门	128.00	九州
周易虞氏义笺订(上下)	[清]李翊灼校订	78.00	九州
周易明义	邸勇强著	73.00	九州
论语明义	邸勇强著	37.00	九州
统天易数(精装)	秦宗臻著	68.00	城市
统天易解(精装)	秦宗臻著	88.00	城市
润德堂丛书合编1:述卜筮星相学	袁树珊著	38.00	华龄
润德堂丛书全编2:命理探原	袁树珊著	38.00	华龄
润德堂丛书全编3:命谱	袁树珊著	68.00	华龄
润德堂丛书全编4:大六壬探原 养生三要	袁树珊著	38.00	华龄
润德堂丛书全编5:中西相人探原	袁树珊著	38.00	华龄
润德堂丛书全编6:选吉探原 八字万年历	袁树珊著	38.00	华龄
润德堂丛书全编7:中国历代卜人传	袁树珊著	168.00	华龄
天星姓名学	侯景波著	38.00	燕山
解梦书	郑同、傅洪光著	58.00	燕山

　　周易书斋是国内最大的专业从事易学术数类图书邮购服务的书店,成立于2001年,现有易学及术数类图书、古籍影印本、学习资料等现货6000余种,在海内外易学研究者中有着巨大的影响力。请发送您的姓名、地址、邮编、电话等项短信到13716780854,即可免费获取印刷版的易学书目。或**来函**(挂号):北京市102488信箱58分箱　邮编:102488　王兰梅收。

　　1、QQ:(周易书斋2)2839202242;QQ群:(周易书斋书友会)140125362。免费下载本店易学书目:http://pan.baidu.com/s/1i3u0sNN

　　2、联系人:王兰梅　电话:13716780854,15652026606,(010)89360046

　　3、邮购费用固定,不论册数多少,每次收费7元。

4、银行汇款户名：**王兰梅**。请您汇款后**电话通知我们所需书目**以及汇款时
间、金额等项，以便及时寄出图书。
邮政：601006359200109796　农行：6228480010308994218
工行：0200299001020728724　建行：1100579980130074603
交行：6222600910053875983　支付宝：13716780854
5、京东－学易斋官方旗舰店网址：xyz888.jd.com
6、学易斋官方微信号：xyz15652026606　　　　　　　北京周易书斋敬启